年金
暮らし

ひとり老後のお金と手続き

税理士・社労士が教える 最善の暮らし方Q&A大全

文響社

巻頭マンガ

ひとり老後はお困りごとが盛り沢山！周囲の協力で安心・安全な暮らしを確保しよう

独身の人に限らず離婚したり夫か妻あるいは子供に先立たれたりしてひとり老後になる人は非常に多い
ひとり老後になって困ることは山ほどある！これはほんの一例じゃ
ひとり老後のお困りごとの例
食費や医療費などが増え苦しい生活資金をどう工面するか？
病気やケガなどの入退院時の世話を誰にしてもらうか？
入院や施設入居時に身元保証人になってくれる人はいるか？
体力が低下したとき買い物や掃除などを頼める人はいるか？
認知機能が低下したときどうやって自分の財産を守るか？
要介護になったとき介護や世話をしてくれる人はいるか？
現在の自宅に住みつづけるか？介護施設などに入居するか？
身寄りがない場合誰に死後の手続きをしてもらうか？
上から2番めの入退院時の世話って何？
ホラ
着替えの服や下着歯磨きなどを用意する必要があるでしょ
うむ
病院の窓口での手続きも必要じゃ
私の場合身元保証人も用意できない
じゃあ入院できないってこと？
できないことはないが入院を断られるケースもある

買い物も大変じゃ えーと今日の買い物は…… なんだっけ……？
おばあさん大丈夫かしら？
感情の起伏の激しさ 物忘れ…… 認知症が疑われるな
最近は振り込め詐欺《さぎ》やリフォーム詐欺など高齢者を狙《ねら》う犯罪が増えておる 認知機能の低下した人は格好の餌食《えじき》にされるから要注意じゃ
ドーン
複数人でドアを破壊して侵入する手口の荒い強盗も増えている！ リサイクル業者などを騙《かた》って電話をかけ自宅にお金があることを下調べするそうじゃ
うまい話には乗らずすぐ電話を切るべきね
リフォーム業者や訪問販売業者を騙ることもある
こわいわ
自分で依頼した業者でない限り家の中に入れてはいかん
自分の身は自分で守るひとり老後の鉄則ね
わたしゃ孤独死が心配じゃ
ウチには嫁に行った娘の久仁子や孫がいるけど身寄りのない人にとっては大問題だわ
新藤久仁子
久仁子の子
信頼できる人と見守り契約を結ぶといい
見守り契約？

※本書のマンガはフィクションであり、実在する人物とは一切関係ありません

巻頭図解

ひと目でわかる!

ひとり老後へのロードマップ&お困りごと対策

人ごとではない! 誰にも突然やってくる! ひとり老後への道のり

＊図は一般的なケースであり、人それぞれ細かく違う

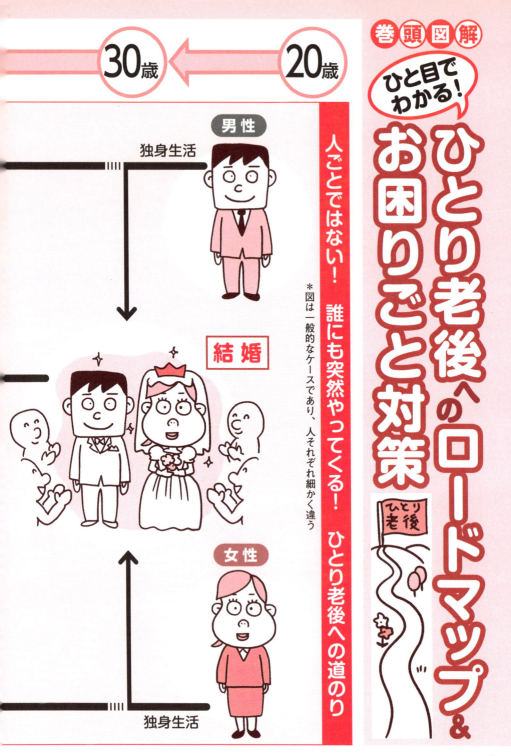

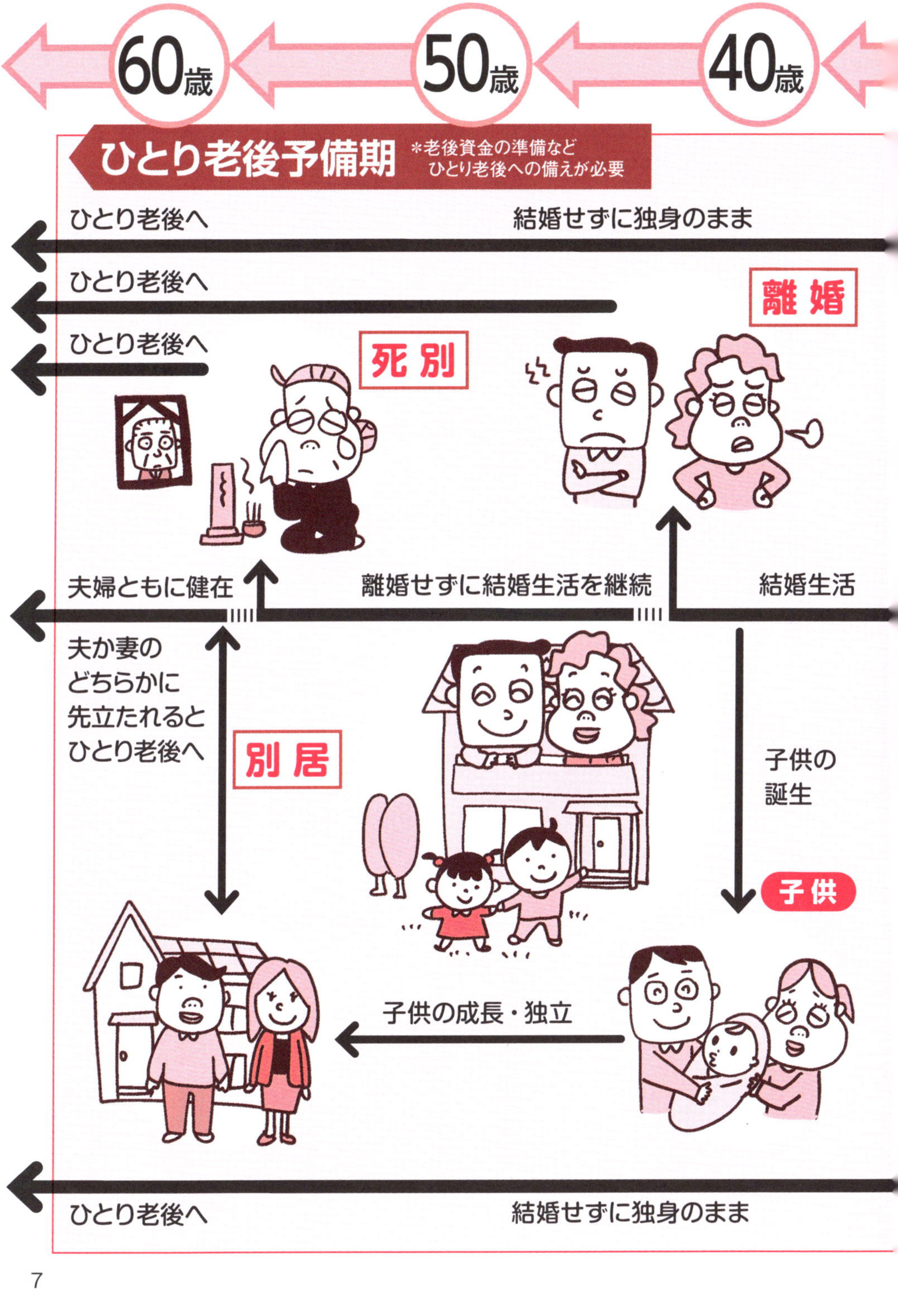
60歳
50歳
40歳
ひとり老後予備期
＊老後資金の準備など
ひとり老後への備えが必要
ひとり老後へ
結婚せずに独身のまま
ひとり老後へ
離婚
ひとり老後へ
死別
夫婦ともに健在
離婚せずに結婚生活を継続
結婚生活
夫か妻の
どちらかに
先立たれると
ひとり老後へ
別居
子供の
誕生
子供
子供の成長・独立
ひとり老後へ
結婚せずに独身のまま

70歳 ← 65歳 ←

前期高齢期（ひとり老後の前半）

＊社会的な保障・支援をフル活用し、快適な老後につなげよう

ひとり老後での主なお困りごと

医療費や介護費の負担が重くなった

夫に先立たれ年金が半分以下に！

家の掃除や買い物などがつらくなった

生活費が足りない

入院や入居に必要な身元保証人がいない

病気やケガで介護が必要に！

対策の主な方法

- **支給もれ年金などのチェック** ↓Q63〜66・Q72〜74参照
- **繰下げ受給（繰下げ請求）** ↓Q67〜71参照
- **遺族年金の請求** ↓Q75〜77参照
- **公的医療保険の高額療養費制度** ↓Q78〜80参照
- **高額介護サービス費制度** ↓Q81〜83参照
- **自治体などの代行サービス** ↓Q92〜93参照
- **自治体の生活福祉資金** ↓Q37〜38参照
- **生活保護** ↓Q39〜41参照
- **地域包括支援センター** ↓Q16〜21参照
- **身元保証等高齢者サービス事業者** ↓Q97参照

＊地域包括支援センターでは、医療・介護に加え、ひとり老後の生活面でのさまざまな支援を行っている

- **公的介護保険の介護サービス** ↓Q86〜91参照

100歳 ← 90歳 ← 80歳 ← 75歳

後期高齢期（ひとり老後の後半）

＊快適な老後を送ることに加え、終活に取り組むことも大切

認知症にならないか詐《さ》欺《ぎ》に遭わないか不安

今の家にいつまでも住むことができない

孤独死はさけたい

財産を譲る相手がいない

死後の手続きを行ってくれる親族がいない

葬儀やお墓の希望を叶《かな》えたい

遺されるペットを世話する人がいない

- **高齢者向け住宅** ↓Ｑ１０５〜１０６参照
- **介護施設** ↓Ｑ１０７〜１０８参照

＊持ち家に住みつづける場合はＱ99・１０２〜１０４参照

- **任意後見制度** ↓Ｑ１０９〜１１２参照
- **家族信託** ↓Ｑ１１３〜１１９参照
- **見守りサービス** ↓Ｑ94〜95参照
- **見守り契約** ↓Ｑ96参照

＊第三者が安否確認をしてくれる見守り契約は、任意後見や死後事務委任契約につけることが多い

- **遺贈寄付** ↓Ｑ１２９参照

＊お世話になった知人などに財産を譲りたい場合は遺言書を活用

- **死後事務委任契約** ↓Ｑ１２１〜１２７参照

＊委任する相手に、死亡届や埋葬などの死後の手続きを行ってもらえる

＊委任契約の中で葬儀やお墓の希望を定めることも可能

- **家族信託**
- **死後事務委任契約**

＊信託（または委任）契約の中でペットの世話を条件とする必要がある

目次

第6章 受給額が半減!? ひとり老後の「年金」についての疑問16 ……… 87

第7章 もしものとき安心！ ひとり老後の「医療」「介護」についての疑問14……105

第8章 不安が解消！ ひとり老後の「暮らし」「住まい」についての疑問17……121

第10章　美しく旅立つ！　ひとり老後の「生前整理」「終活」についての疑問11

第1章

誰にも
突然やってくる！
「ひとり老後の現実」
についての疑問12

▶Q1～12◀

回答者

山本宏税理士事務所所長 税理士 CFP

山本《やまもと》 宏《ひろし》

山本文枝税理士事務所所長 税理士 AFP

山本《やまもと》文枝《ふみえ》

社会的支援に自力でたどり着けない「老後難民」にならないためのひとり老後の心得

一部の株を売却して利益を確定させ必要な老後資金を確保することじゃ資金不足に陥ると悲惨じゃぞ
なるほど……じゃあ聞くけど…
キョロ
キョロ
あれどこにいった？
いつも苦労をかけるね……
私も年だからいつまで元気でいられるか……
よいしょ
縁起でもない……
どちらかが先に亡くなるのは確かなことじゃ
にやにや
ひとり老後の人は年々増えている！今から考えておく必要があるぞ
ひとり老後になると入院時の身元保証人や認知機能が低下したときの介護や財産管理を誰かに頼まなければならない
子供がいれば子供にいなければ親族に頼むことになる
子供も親族もいない場合は友人か知人？
そんなの無理さ！葬儀や埋葬も誰かに頼まなきゃ
地域包括支援センター（第2章参照）に相談するといい
地域包括支援センター？
医療や介護に加え生活面でのさまざまな支援を行っているがこの支援にたどり着けない老後難民が多いのが現状じゃ
場所を知りたいならこのワードで検索すればいい
地域包括支援センター　市区町村名
意外と近いところにあるのね
一度立ち寄ってみよう

Q1 そもそも「ひとり老後」とはなんですか？誰にとっても人ごとではないですか？

A 老後を1人で暮らすこと。独身だけでなく配偶者や子がいても死別などでひとり老後に。

「ひとり老後」とは、高齢者（65歳以上の人）が単身で暮らすことです。ひとり老後になる理由には、❶結婚していない（未婚）、❷配偶者と別れた（離婚）、❸配偶者や子供とは別に暮らしている（別居）、❹配偶者や子供が亡くなった（死別）といったことが考えられます。

事情は人それぞれ違い、未婚のように自分の意思でひとり老後を選ぶ人もいれば、死別でやむを得ずひとり老後を迎える人もいます。また、近年は熟年離婚（婚姻期間20年以上の離婚）といって、夫の定年退職を機に妻が離婚を申し出て別れるような夫婦も増えています。

ひとり老後は、自由気ままに余生を謳歌《おうか》できるメリットがある反面、夫婦2人のときよりも年金額が減少したり、孤独感に苛《さいな》まれたり、病気や要介護になったときに頼る人がいないといったデメリットがあります。

元気で足腰が丈夫なうちは、ひとり老後でも楽しく暮らせるでしょう。しかし、年齢を重ねるごとに体力や気力、認知能力などが衰え、やがて1人で暮らす厳しい現実に直面することになります。ひとり老後は、誰にとっても人ごとではない人生の大きなリスクなのです。

ひとり老後の人が増えている

ひとり老後は、元気なうちは自由な生活を謳歌できる。しかし、年金額が減少する、孤独になる、病気や要介護になったときに頼る人がいないといったデメリットもある。

Q2 ひとり老後の人は日本にどれくらいいますか？今後も増えつづけるのですか？

A 国勢調査では約671万人。今後も増加し、近い将来に1000万人を超える見込み。

総務省「国勢調査（2020年）」によると、**65歳以上の単身世帯（1人暮らしの世帯数）は約671万人と報告されています。**高齢者の総数は3623万人（総務省「人口推計（2023年）」）なので、約5人に1人がひとり老後を送っていることになります。

高齢者の単身世帯は、今から40年ほど前（1985年）は約118万人でした。それが増加の一途をたどり、6倍近くに膨れ上がったことになります。

ひとり老後の人は、今後いっそう増えると考えられています。**国立社会保障・人口問題研究所「日本の世帯数の将来推計（全国推計）2024年」によると、高齢者の単身世帯は2030年に約887万人、2040年に約1043万人に達すると報告されています。**この推計から、将来は高齢者の3～4人に1人がひとり老後になるといえるでしょう。

高齢者の人口

年齢	総数	男性	女性
65～74歳・全世帯（性比）※	1,615万人	773万人（91.8 人）※	842万人
75～84歳・全世帯（性比）※	1,337万人	582万人（77.2 人）※	755万人
85～94歳・全世帯（性比）※	602万人	203万人（50.9 人）※	399万人
95歳以上・全世帯（性比）※	68万人	13万人（23.6 人）※	55万人
65歳以上・全世帯合計（性比）※	3,623万人	1,571万人（76.6 人）※	2,051万人
65歳以上・単身世帯（性比）※	671万人	230万人（52.3人）※	440万人

※性比は、女性人口100人に対する男性の人口
出典：総務省「人口推計」2023年10月1日（確定値）、
総務省「国勢調査（2020年版）」

Q3 今は夫婦2人暮らしです。平均寿命が短い男性も、ひとり老後に備えるべきですか？

A 夫が妻より先に亡くなるとは限らず、男性の4人に1人は平均寿命まで生きることに。

厚生労働省「簡易生命表（2022年）」によると、日本人の平均寿命は男性が81・05年、女性が87・09年と報告されています。男性の平均寿命は、過去20年間で5年も延び、さらに長生きになる見込みです。

では、平均寿命まで生きられる男性はどれくらいいるのでしょうか。総務省「人口推計（2024年版）」によると、65歳以上の男性は1571万人で、このうち81歳以上は405万人。つまり、男性の約25％（4人に1人）は平均寿命まで生きることになるのです。

仮に65歳から年金生活を始めた場合、男性は平均寿命を迎えるまで16年もあります。少なくともその間、不自由なく暮らせるように前もって備えることが肝心です。

Q4 夫婦間の「老老介護」と比べたら、ひとり老後のほうが気楽ではないですか？

A ひとり老後では配偶者を介護する必要はないが、自分が要介護になると困ることになる。

夫婦のどちらかが要介護になったときは、もう片方の配偶者が在宅で世話をしたり、公的な介護サービスを利用したりして対応することになります。

昨今は、65歳以上の高齢者が高齢の配偶者の世話をする「老老介護」も珍しくなくなってきました。高齢者にとって老老介護の負担は非常に大きいので、ひとり老後のほうが気楽なのは確かです。

しかし、ひとり老後で身寄りのない人の場合、自分が要介護になると大変なことになります。要介護の状態では食事や入浴などが十分にできず、これらを支援してくれる介護サービスの手続きを行うことも困難でしょう。

ひとり老後は介護の面で一長一短があるといえます。

Q5 同居する家族が亡くなり、ひとり老後になったとき特に困ることはなんですか？

A 配偶者が亡くなると年金が減るうえに入院や介護、看取りなどで誰かの助けが必要に。

たとえ今は夫婦２人暮らしでも、配偶者が亡くなり、子供と同居しなければ、ひとり老後になります。特に、男性よりも平均寿命が長い女性は、夫に先立たれてひとり老後になるケースが多いといえます。

ひとり老後で困ることの第一は、年金が減って経済的に困窮するおそれがあることです。総務省「家計調査報告（家計収支編）２０２３年」によると、夫婦高齢者無職世帯の平均的な収入は24万４５８０円（このうち年金などの社会保障給付金は21万８４４１円）。単身になると年金が大幅に減る分、使えるお金も減ってしまいます。

ひとり老後は、孤独感に苛《さいな》まれることも問題です。常に寂しさを感じるだけでなく、持続的な孤独感によって認知症、うつ、心疾患など病気にかかるリスクが高くなることも最新の研究で明らかになっています。

さらに、ひとり老後になると、急病に対処できず「孤独死」するおそれがあるほか、入院や施設入所の手続き、看取り、死亡届、葬儀・埋葬などを誰かに頼まなければなりません。いずれも、１人で暮らしている高齢者にとって厄介《やっかい》な問題といえるでしょう。

ひとり老後で特に困ること

● 夫婦２人暮らしのときと比べて年金が減る

夫婦２人暮らしの標準的な年金は月額22万円程度だが、単身者の年金はそれより大幅に減る。

● 孤独感に苛まれる

話し相手がおらず、常に孤独感を抱えることになる。また、孤独は認知症のリスクを高める。

● 急病に対処できず孤独死になりやすい

脳卒中、心筋梗塞など突然起こる致命的な病気に対処できず、孤独死することもある。

● 入院・施設入所の手続きが大変になる

病気で入院したり要介護で施設に入所したりする場合、自分で対処するか、誰かの助けが必要。

● 看取り・死後手続きで助けが必要になる

臨終までの身の回りの世話、看取り、死後の手続き、葬儀、埋葬を誰かに頼まなければならない。

Q6 ひとり老後になると入院や高齢者施設などへの入所が難しいとは本当ですか？

A 入院時や施設入所時に身元保証人が求められる。身近に頼れる人がいないと困ることに。

病院へ入院するときや、高齢者施設へ入所するときには、原則として「身元保証人」（連帯保証人）を立てる必要があります。ふつう、身元保証人になるのは配偶者・子供・兄弟姉妹などの家族や親族です。しかし、ひとり老後で家族や親族がいない場合あるいは不仲の場合には、身元保証人を誰にも頼めません。

身元保証人になってくれる人がいない場合は、病院や高齢者施設から入院・入所を断られることが多いと考えたほうがいいでしょう。一番の理由は、本人が入院や入所の費用を支払えないときに弁済する人が必要だからです。医療行為の同意書に誰が署名するのか、退院・退所したときや亡くなったときは誰が引き受けるのかといった問題に対処するためにも身元保証人が必要です。

身元保証人の責務（入院時の場合）については、下の図を参照してください。

家族や親族に身元保証人を頼めない人は、高齢者サービス事業者（Q97参照）を利用するのも一手です。高齢者サービス事業者は有料ですが、一通りの手続きを代行してもらえます。

身元保証人の責務（入院時の場合）

● 債務（入院費用）を保証する

本人が入院費用（治療費・手術代・食費・ベッド代など）を支払えない場合に弁済する。

● 緊急時の連絡先になる

本人の病状が急変したり、亡くなったりしたときの緊急時に病院から連絡を受けて対処する。

● 医療行為に同意する

全身麻酔、輸血、化学療法など特定の医療行為が必要になったとき、同意書に署名をする。

● 退院時に本人の身柄を引き受ける

本人が退院となったときに身柄を引き受ける。入院費用の精算の手続きも行う。

● 遺体や遺品を引き取る

本人が亡くなったら遺体を引き取り、安置所へ搬送する。生前所持していた遺品も引き取る。

Q7 ひとり老後で認知機能が低下した場合、誰を頼ったらいいのでしょうか？

A 身寄りのない人にとって死活問題。地域包括センターや民生委員の支援を仰ぐことに。

ひとり老後でとりわけ心配なことは、病気になったときにどうするかです。命取りになりかねない脳卒中や心臓病はもちろん、認知症も大きなリスクといえます。

認知症にまで進行しなくても、認知機能が低下するとさまざまな問題が起こります（下の図参照）。特に徘徊《はいかい》は死につながることもあるので、物忘れが増えたという人は今の状況を放置してはいけません。

認知症が疑われる人は医療機関を受診して診断を受けてください。そのうえで「地域包括支援センター」（Q16～21参照）**や「民生委員」に支援を求めましょう。**

まず、地域包括支援センターは、高齢者の生活の相談を受け付けている公的な機関です。ここでは、主任ケアマネジャーや社会福祉士、保健師などが相談内容に応じたサービスを提案し、手続きを行ってくれます。

次に、民生委員は地域福祉を担う地方公務員の一種で、子供、妊産婦、高齢者などを対象に相談・支援を行っています。民生委員は担当地区を持ち、役所と連携して活動しており、必要であればさまざまな支援サービスを受けられるように案内してくれます。

認知機能の低下による問題点

被害妄想による**対人関係のトラブル**が増える
食事、排泄、服薬など体の健康を管理できない
物忘れが増え、預金などの**金銭管理**に支障が生じる
徘徊が増え、**行方不明**になる危険が大きい

Q8 ひとり老後の「ひとりぼっちの寂しさ」は、どう克服したらいいですか？

A 社会や人とのかかわりが大事。仕事を続けたり、高齢者施設に入所したりするといい。

ひとり老後の人の多くは、年齢を重ねるにつれて人付き合いが減っていきます。友人や知人と疎遠になり、離れて暮らす家族と会う機会も減るなどして、一日じゅう1人で過ごすようになります。そのため、**「ひとりぼっちの寂《さび》しさ」**に苛《さいな》まれる人が少なくありません。

そうした孤独感を克服するためには、社会や人とのかかわりを増やすことが肝心です。近所の人に会ったときは挨拶《あいさつ》し、町内会の催し物にも積極的に参加しましょう。

また、健康で元気な人は仕事を持つことをおすすめします。働くことで社会とかかわり、人の役に立っていると実感することは自己肯定感につながり、寂しさが紛れるとともに生活に張り合いが生まれます。

体力や認知能力の衰えを自覚している人は、高齢者施設に入所することも社会性を取り戻す1つの方法といえます。高齢者施設に入所すると、ほかの入所者といっしょに食事をしたり、レクリエーションをやったりして人とかかわる機会が増えます。また、施設の若いスタッフと会話して元気をもらえることも多いので、1人で暮らすのと比べると孤独感はかなり軽減するでしょう。

高齢者施設に入所して孤立を防ぐ

有料老人ホームやサービス付き高齢者住宅は、自立で生活している人も入所が可能。孤独感に悩まされているなら、入所することで人とのかかわりが増え、寂しさが紛れる。

Q9 ひとり老後で生活するお金が不足したら、どうすればいいですか？

A 資産がない、働けない、年金だけで暮らせないなどの条件がそろえば生活保護の対象に。

ひとり老後の収入源は、年金のほかに、株・債券・投資信託の配当所得、不動産の家賃収入、預貯金の切りくずし、終身保険の返戻金などが考えられるでしょう。また、働きつづけているなら給与所得も入ります。

しかし、資産がない、働ける状態ではない、あらゆる制度を利用しても生活が困難、扶養義務者がいない、といった条件に当てはまり、年金だけで暮らせなければ、「生活保護」（Q39～41参照）を申請できます。

年金受給者も生活保護を受けることができ、国が定める最低生活費から収入（年金を含む）を引いた額を受け取れます。例えば、1ヵ月間の最低生活費が12万円で収入が4万円なら、8万円の生活保護を受けられます。

Q10 子供や親族と不仲です。もしものとき私への関与を拒否されるとどうなりますか？

A 入院や要介護に備えて別途、身元保証人の確保を。死亡時には自治体で対応する。

ひとり老後の人は、病気で入院したり、要介護になって施設に入所したりするときには子供や親族に頼ることになります。しかし、仲が悪い場合は、身元保証人の要請などを拒否されるかもしれません。

身内に頼めない人は、身元保証人を代行してくれる高齢者サービス事業者（Q97参照）を利用するといいでしょう。このサービスは有料ですが、入院の手続き、高齢者施設への入居手続き、生活支援、死後の手続き、葬儀の手配などを行ってくれます。例えば、イオンのお葬式の場合、料金は91万6296円（税込。年会費が別途必要）です。なお、**身元保証人がいない状態で亡くなったときは、自治体が埋葬や遺品の処分などを行います。**

Q11 最近増えている「孤独死」を回避するには、どうしたらいいですか？

A 隣近所との交流が大切。訪問サービス、見守りサービス、通所サービスの利用も要検討。

警視庁によると、ひとり老後で「孤独死」する人は、年間約6万8000人と推計されています。孤独死は、発見まで日数がかかり（平均17日間）※、遺体も悲惨であることが多いため、大きな社会問題になっています。

ひとり老後の人が孤独死をさけるためには、❶近隣の人と交流を持つ、❷ホームヘルパーなどの訪問サービスを利用する、❸警備会社などの見守りサービスを利用する、❹通所サービス（デイサービス）を利用する、❺配食事業者の安否サービスを利用するなどの方法があります。最近は、SNS（ソーシャルネットワークサービス）による孤独死対策も注目を集めています。人とのつながり、社会とのつながりを断たないことが重要です。

Q12 ひとり老後で身寄りがない人が亡くなった場合、遺された財産はどうなりますか？

A 遺言書がなく法定相続人もいない人の財産は民法959条の定めにより、国庫に入る。

通常、亡くなった人の財産は、相続人や遺言で相続財産の遺贈を指定された人や団体が受け取ります。では、ひとり老後で身寄りがなく（法定相続人がおらず）、遺言書を遺していない人の財産はどうなるのでしょうか。

民法959条では「処分されなかった相続財産は、国庫に帰属する」と定められています。そのため、遺言書がなく、法定相続人もいない人の残余財産は、相続財産清算人が国庫に引き継ぐことになります。つまり、国から徴収されるということです。

法定相続人がいない場合でも生前に遺言書を作成して法務局などに遺しておけば、財産を特定の個人、団体に遺贈することができます。

※出典：一般社団法人日本少額短期保険協会孤独死対策委員会「第6回孤独死現状レポート」

第2章

どこまで頼れる!?
ひとり老後の
「社会的な保障・支援」
についての疑問14

▶Q13～26◀

回答者

山本宏税理士事務所所長 税理士 CFP
山本《やまもと》 宏《ひろし》
山本文枝税理士事務所所長 税理士 AFP
山本文枝《やまもとふみえ》

老後の医療・介護暮らしの悩みは地域包括支援センターに相談すれば大半が解決！

ひとり老後になると医療や介護生活面でいろいろな不都合が生じるそんなときは地域包括支援センターに相談するといい
どんな相談に乗ってもらえるの？
？
例えばこんなことじゃ
へーなんでも相談に乗ってくれるんだね
● 最近、親の物忘れが増えて不安を感じている
● 要介護認定はどうやって受けるのか知りたい
● 最近、外出しなくなった。近所の体操教室が知りたい
● 最近、つらくなった買い物や掃除を手伝ってほしい
● 隣に住む人が認知症か、または虐待を受けていないか心配
● 介護保険の制度内容や介護サービスのことを知りたい
● 地域で活動している趣味の集まりを知りたい　など
ひとり老後には欠かせないサービスだわ
ボクのお小遣いアップの相談は？
それはおじいちゃんに相談しなさい
よしきた！
孫支援センターじゃ
ホホホ

Q13 ひとり老後の社会的な保障・支援は不十分と聞きました。どんな問題がありますか？

A 身元保証を得られず入院や施設入所が困難で支援も届かない「老後難民」が増えている。

高齢者が受けられる社会的な保障・支援は、配偶者や子供と同居していても、単身であっても同じです。ひとり老後だからといって給付金がもらえたり、税金や医療費・介護費が優遇されたりすることはありません。

むしろ、ひとり老後の人は、経済的に困窮しやすく、身寄りのないために社会的な保障・支援を十分に受けられないケースが少なくないのです。

このように社会生活の枠組みから孤立し、経済的にも苦しい立場の高齢者を「老後難民」と呼びます。老後難民になる主な要因は、下の図のとおりです。特に、ひとり老後の人の多くは低収入で、頼れる人が身近にいないため、老後難民のリスクが高いといえるでしょう。

老後難民になるのをさけるためには、身元保証人を確保することや、社会的な支援を受けることが肝心です。

身元保証人については、家族や親族、知人などに頼むか、高齢者サービス事業者（Q97参照）に依頼します。社会的な支援については、地域包括支援センター（Q16〜21参照）に相談しましょう。経済的に困窮したときは、生活保護（Q39〜41参照）も検討すべきです。

老後難民の特徴

● 単身世帯である

ひとり暮らしの高齢者の多くは低収入で、家族と同居する人に比べて貧困に陥りやすい。

● 家族や親族を頼れない

身元保証人を頼める家族、親族、友人などがいないと、入院や高齢者施設への入居が難しい。

● 年金のみで生活している

年金以外に収入がなく、預貯金など金融資産も不十分な人は経済的に行きづまる可能性が高い。

● 老後の見通しがない

病気や要介護になったときの見通しを立てていないと、いざというときに対処できない。

● 生活保護に偏見がある

生活保護を受けることが恥と考えている人は、経済的に苦しくなった生活を再建するのが困難。

Q14 全国で構築を進めている「地域包括ケアシステム」とはなんですか？

A 医療サービスと介護サービスに加えて、生活支援なども幅広く行う自治体の仕組み。

「地域包括ケアシステム」とは、高齢者が最期まで住み慣れた地域で暮らせるように、住まい、医療、介護、生活支援・介護予防の各サービスを一体的に提供する、各自治体の支援体制のことです。おおむね30分以内に必要なサービスを提供できる、日常生活圏域（具体的には中学校区）が単位として想定されています。

地域包括ケアシステムがなぜ始まったかというと、団塊の世代（1947〜1949年に出生した約806万人）が75歳以上になる2025年以降、都市部を中心に高齢化が急速に進むと見込まれているからです。ひとり老後の人だけでなく、高齢者の数や割合が急増するため、各自治体は対応を迫られています。

なお、地域包括ケアシステムのサービス全体の取りまとめは、「地域包括支援センター」（Q16〜21参照）**が行うことになっています。**

地域包括ケアシステムの全体像

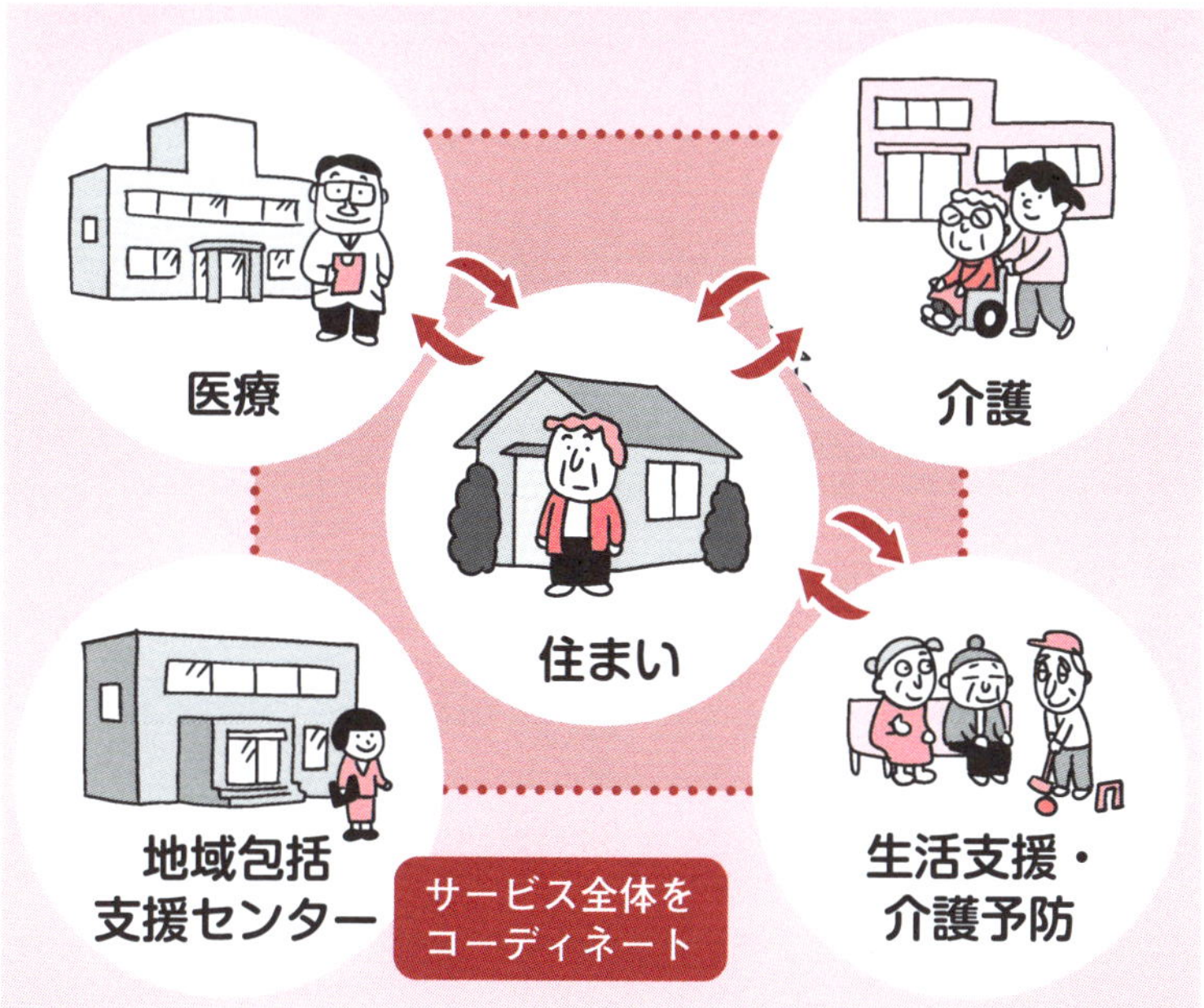

Q15 地域包括ケアシステムでは、ひとり老後のどんな生活支援を行いますか?

A 配食、安否確認、家事援助、外出支援など。老人会や自治体などが主体となり支援する。

地域包括ケアシステムでは、住まい（高齢者向け住宅など）探しや医療、介護の取りまとめのほか、生活支援・介護予防サービスも行っています。

生活支援・介護予防サービスでは、配食、安否確認、家事援助、外出支援、交流サロンの開催などを行っています。家族介護者支援もあり、自宅で介護する家族の負担を減らす支援が行われています。

こうした生活支援・介護予防サービスは、老人会、自治体、ボランティア、NPO（非営利組織）などが主体となって行い、民間企業と協力し合う体制も構築しています。ひとり老後の人は、生活支援・介護予防サービスを積極的に活用するといいでしょう。

Q16 地域包括ケアシステムの中核となる「地域包括支援センター」とはなんですか?

A 高齢者の生活をサポートする相談・支援窓口。全国の自治体に設置されている。

「地域包括支援センター」は、高齢者のための公的支援制度である地域包括ケアシステムを運営する事業所です。日常生活圏域（具体的には中学校区）ごとに設置されており、直営または委託で運営されています。

65歳以上の人なら、誰でも地域包括支援センターを利用することができます。

ちなみに、**地域包括支援センターは一般的な名称で、自治体によって「◎×あんしん相談センター」「■▲高齢者支援センター」といった独自の呼び名をつけている場合もあります。**最寄りの地域包括支援センターを探す場合は、インターネット検索で「地域包括支援センター+市区町村名」で調べればわかります。

Q17 地域包括支援センターでは、どんな相談・支援業務を行っていますか？

A 総合相談支援をはじめとする4つの業務を行っており、さまざまな相談に乗ってくれる。

地域包括支援センターは、４つの役割を担っています。それぞれについて説明しましょう。

地域包括支援センターの役割

地域包括支援センターは、市区町村の直営か委託で運営され、❶総合相談、❷包括的・継続的ケアマネジメント、❸介護予防ケアマネジメント、❹権利擁護の４つの役割を担う。

❶総合相談

本人や家族からの相談に応じ、アドバイスをしたり、問題や課題を解決するのに必要な情報を提供したりします。例えば、「近ごろ、物忘れが増えた」という相談に対しては、認知症の検査を受けるようにすすめたり、物忘れ外来のある医療機関を紹介したりします。

❷包括的・継続的ケアマネジメント

医療機関や介護施設、民生委員など関連機関とネットワークを構築し、高齢者が抱える問題や課題を解決します。また、ケアマネジャーが困難を抱えているときは、高齢者への支援を継続できるようにサポートします。

❸介護予防ケアマネジメント

要支援の人や介護が必要になる可能性が高い高齢者に対して、所属のケアマネジャーが介護予防サービス計画書（介護予防ケアプラン）を作成します。具体的には、運動機能や口腔《こうくう》機能の向上、食事の改善、認知機能低下の予防、うつ予防などです。例えば、「介護予防デイサービスに週3回通う」「理学療法士による運動指導を週1回受ける」といったプランを提案します。

❹権利擁護《ようご》（支援により権利を守ること）

高齢者が受けている虐待《ぎゃくたい》を発見して対応するほか、認知機能の低下した人が不利益を被らないように成年後見制度（Q110参照）の活用をすすめたりします。

地域包括支援センターへの相談は、高齢者本人だけでなく、家族や近所の人が行うことも可能です。「物忘れが多くて生活に支障が出ている」「うつ状態で家から外に出たがらない」「認知症を発症して外を徘徊《はいかい》するようになった」といった異変を察知したら、ただちに地域包括支援センターへ連絡するといいでしょう。

ところで、地域包括支援センターの設置数は年々増えています。厚生労働省の調べによると、地域包括支援センターの設置数は2023年時点で全国に5431ヵ所（窓口を含めると7397ヵ所）。直営の割合は20％と少なく、大部分は委託（社会福祉法人・社会福祉協議会・医療法人など）による運営が占めています。全国の市区町村の数は1718なので、地域包括支援センターは、ほとんどの自治体に設置されているといえるでしょう。

Q18 地域包括支援センターに配置されている3つの専門職の役割はなんですか？

A 社会福祉士、保健師、主任ケアマネジャーが配置され、専門業務に当たっている。

地域包括支援センターには、「社会福祉士」「保健師」「主任ケアマネジャー」という3つの専門職が配置されています。それぞれの役割について説明しましょう。

社会福祉士は、社会福祉サービスを提供する専門職で、総合相談、権利擁護《ようご》にかかわる業務などを担当しています。例えば、介護保険についての相談と対応、虐待《ぎゃくたい》や悪徳商法などの被害についての相談と対応、家族についての相談、認知症カフェや介護予防講座の開催、成年後見制度（Q110参照）利用のための援助などです。

保健師は、介護サービスや介護予防マネジメントに係わる専門職です。利用者から医療や介護について相談を受け、病院や保健所などと連携して支援します。また、介護予防教室などを開催して地域住民の健康意識を高めたり、健康診断の受診をすすめたり、行政からの要請で病気予防対策を行ったりします。なお、地域ケアの経験などの一定条件を満たした看護師は保健師に準ずる者として認められ、同様の業務を行うことができます。

主任ケアマネジャーは、包括的なケアマネジメントを継続的に行う専門職です。主な役割は、利用者からさまざまな相談を受けて適切な支援につなげること、地域で働くケアマネジャーを統括してアドバイスや指導、教育を行うことです。

3つの専門職の役割

社会福祉士

主に総合相談、権利擁護に係わる業務を担当。利用者から相談を受けて個別のケースに対応するほか、自宅や入所中の施設、入院中の病院を訪れて虐待の有無など安否確認を行う。

保健師

医療的なアプローチが必要となる、介護支援サービスや介護予防マネジメントの業務を担当。病院や保健所、介護施設など外部とも連携し、利用者が健康的に暮らせるようにサポートする。

主任ケアマネジャー

包括的・継続的ケアマネジメントに係わる業務を担当。自身でケアプランを作成することもあるが、主にケアマネジャーを育成・統括し、介護支援が適切に行われるように取り組む。

Q19 入院や退院などの手続きは、地域包括支援センターでサポートしてくれますか？

A 地域包括支援センターは入院や退院の相談に乗ってくれるが、手続きは代行しない。

地域包括支援センターは、高齢者の健康や生活全般について相談を受け付けている窓口です。**あくまで利用者の相談に乗ったり、サービスの説明や提案をしたり、事業所の紹介をしたりするだけなので、入院や退院などの手続きを本人の代わりに行うことはありません。**

ひとり老後の人が入院する場合は、家族や親族に身元保証人になってもらうか、高齢者サービス事業者（Q97参照）を利用するか、成年後見制度（Q110参照）を利用する必要があります。ただし、病院によっては身元保証人がいなくても入院保証金を預けるなどの個別対応によって入院できるケースもあります。身元保証人のいない人は問い合わせてみるといいでしょう。

しかし、入退院の手続きを行わないからといって、地域包括支援センターが何もしないわけではありません。

まず、地域包括支援センターは、利用者のために作成した介護予防ケアマネジメントの計画書や、訪問看護のサマリー（まとめ）などを病院に提供します。これによって支援内容のスムーズな引き継ぎが行われ、利用者は入院中に適切なケアを受けることができます。

次に、入院中は病院から地域包括支援センターに情報提供書が送られ、必要な情報が共有されます。

そして、退院時には病院から地域包括支援センターに看護サマリーが送られ、帰宅後あるいは転院後に必要とされる支援内容の引き継ぎが行われます。

このように地域包括支援センターは、利用者がスムーズに入退院できるためのサポートを行っているのです。

ところで、病院の中には地域包括ケアシステムの一環として**「地域包括ケア病棟」**を設けているところがあります。地域包括ケア病棟は、急性期治療を終えて病状が安定した人の在宅復帰支援を目的として最長60日間入院できる病棟です。地域包括ケア病棟への入院の案内はケアマネジャーが行ってくれます。

Q20 お金の管理が難しくなったときは、地域包括支援センターで支援してくれますか？

A 詐欺や悪徳商法の被害を防ぐため、金銭管理が困難になった高齢者は支援を受けられる。

判断力や認知能力が衰えると、振り込め詐欺《さぎ》に引っかかったり、悪徳商法に騙《だま》されたりして巨額な損失を被ることがあります。金銭管理が困難になった場合は、地域包括支援センターに相談するといいでしょう。

地域包括支援センターでは権利擁護《ようご》の一環として、詐欺などの被害を防ぐために、金銭感覚の衰えた高齢者に対して「成年後見制度」（Q110参照）を利用するための支援を行っています。

ちなみに、成年後見制度には、自分で後見人を指定する「任意後見制度」と、家庭裁判所が後見人を選ぶ「法定後見制度」があります。また、親族以外の後見人は有料で、年間30～70万円程度の報酬が発生します。

Q21 地域包括支援センターの介護予防ケアは、要支援でない人も受けられますか？

A 介護予防ケアは要介護をさけることが目的。自立した生活を続けるために利用を。

地域包括支援センターが行っている介護予防ケアマネジメントは、自立で生活している人や要支援1・2の人が要介護になるのを防ぐことや、要介護の認定を受けた人の悪化を抑えることを目的に行われます。

ですから、**65歳以上で要介護の心配がある人は、地域包括支援センターに相談すれば、自立で生活していても介護予防ケアマネジメントの支援サービスを受けることができます。**具体的には、訪問型サービス、通所型サービス、その他の生活支援サービスなどです。介護予防サービス計画が作られ、その内容に沿って支援サービスが実施されます。利用料金には介護保険が適用されますが、1～3割を自己負担しなければなりません。

Q22 公的医療保険における高齢者の自己負担が2～3倍に増えたのはなぜですか？

A 高齢化に伴う医療費の増大により、高齢者は所得に応じて1割・2割・3割を負担する。

これまで、75歳以上の人の公的医療保険の自己負担は原則1割でした。それが2024年10月1日から法律改正に伴い、一定以上の所得がある人は自己負担の割合が増えます。具体的には、課税所得が28万円以上あり、「年金収入＋その他の合計所得金額」が単身世帯の場合は200万円以上、2人以上の世帯の場合は320万円以上であれば自己負担が2割となります。また、課税所得が145万円以上の世帯の自己負担は3割です。

このように医療費の自己負担の割合が増えたのは、人口のボリュームが大きい「団塊の世代」が2025年から後期高齢者となり（いわゆる「2025年問題」）、それに伴って医療費の増大が懸念されるからです。

Q23 社会保険の被扶養者の妻は、65歳になると介護保険料の納付が必要ですか？

A 65歳になると、被扶養者も介護保険料の納付が必要に。負担額は自治体ごとに異なる。

厚生年金や健康保健（協会けんぽ・健康保険組合）に加入している会社員などの被扶養者である妻は、介護保険料を個人的に納付する義務はありません。しかし、**妻が65歳になって夫の扶養から外れると、介護保険料や健康保険料の支払義務を負うことになります。**

介護保険料は、住民税が非課税の人や生活保護受給者、要支援・要介護の認定を受けている人も支払わなければなりません（生活保護受給者の介護保険料は生活扶助《ふじょ》費で賄われる）。そのため、ひとり老後の人は、確実に介護保険料を納めることになります。

介護保険料は自治体によって異なり、高齢者の多い地域ほど負担額が大きくなっています。

Q24 ひとり老後になると負担が増す介護保険料の納付は、要介護の人も必要ですか？

A 要支援・要介護の人も納付が必要だが、収入や預貯金が一定額以下なら軽減制度あり。

介護保険料は、原則として要支援・要介護の認定を受けている人も支払わなければなりません。年金の支給額が年間18万円以上なら2ヵ月ごとに年金から天引きされ（特別徴収）、18万円未満なら口座振替または納付書で支払うことになります（普通徴収）。

要支援・要介護の人の介護保険料は、自治体ごとの基準額と本人の所得によって決まります。2024年度の自治体ごとの基準額は全国平均で月額6225円。少なくとも年間で約7・2万円以上の負担となります。

なお、**収入や預貯金が一定額以下なら減額される軽減制度があります。**また、生活保護受給者は、生活保護費から賄われるので自費で払う必要はありません。

Q25 ひとり老後になっても後期高齢者医療制度への加入は必要ですか?

A 75歳になると、すべての人が後期高齢者医療制度に切り替わる。ひとり老後の人も同様。

75歳の誕生日を迎えるまでに加入する公的医療保険は、国民健康保険、全国健康保険協会（協会けんぽ）、健康保険組合などに分かれています。**それが75歳（寝たきりなど一定の障害がある場合は65歳）になると、すべての人が「後期高齢者医療制度」へ自動的に移行します。**

これは、ひとり老後の人も同じです。後期高齢者医療制度に移行すると、自己負担が1割、2割、3割の3つのいずれかになります（Q22参照）。収入が年金のみの人の場合、自己負担は1割または2割と考えればいいでしょう。

なお、生活保護受給者は後期高齢者医療制度に加入せず、医療扶助《ふじょ》で医療を受けます（医療費は無料）。

Q26 ひとり老後の人が負担する国民健康保険料・介護保険料の総額はいくらですか?

A 所得によって違う。年金収入のみ200万円の場合でも、年間約25万円も納めることに。

ひとり老後の人は75歳の誕生日を迎えるまで、たいてい国民健康保険に加入します（75歳以降は後期高齢者医療制度に移行）。そして、**国民健康保険に加入すると、この保険料の医療分・支援金分（後期高齢者医療制度の支援に使われる費用）と、介護保険料を支払うことになります。**

それぞれの計算方法を説明しましょう。

まず、医療分と支援金分は、前年の所得に対して「所得割＋均等割」の計算式で決定されます。ちなみに、所得割は「基礎所得額（年金のみで生活している場合は年金収入－公的年金等控除額）×所得割率（各自治体で異なる）」の計算式で求め、均等割は各自治体で決められている1人当たりの負担額が適用されます。

例えば、年間の所得が年金収入200万円の場合は、「年金収入200万円－公的年金等控除110万円」で基礎所得額は90万円となります。仮に東京都世田谷区に住んでいるとすると、2024年度の所得割は医療分が8・69%、支援金分が2・8%、均等割は医療分が1人当たり4万9100円、支援金分が同1万6500円です。これを計算式に当てはめると、医療分は「(90万円×8・69%)＋4万9100円」で12万7310円、支援金分は「(90万円×2・8%)＋1万6500円」で4万1700円。合計で16万9010円となります。

次に、**介護保険料は年間の所得金額で決まります（自治体ごとに異なる）**。例えば、東京都世田谷区の年金生活者（年金収入200万円以下）の介護保険料は、年8万6664～9万4200円（住民税非課税世帯は3万6550～7万5360円）。年金収入200万円（基礎所得額90万円）の人の介護保険料は年8万6664円です。

よって、年金収入200万円の人が収める国民健康保険料と介護保険料は合計25万円程度と計算されます。

なお、後期高齢者医療制度の保険料も「所得割＋均等割」（所得割率、均等割は国民健康保険と異なる）で計算しますが、支援金分に相当する負担はありません。また、介護保険料は、後期高齢者医療制度に移行後も支払う必要があります（65歳以上の介護保険料と同じ）。

国民健康保険料の計算式（年額）

所得割※1 ＋ 均等割※2
＝ 国民健康保険保険料（医療分・支援金分）

※1．所得割は「**基礎所得額※3** × **所得割率※4**」で計算
※2．均等割の額は各自治体によって異なる
※3．年金生活者の基礎所得額は
「**年金収入 － 公的年金等控除（通常110万円）**」で計算
※4．所得割率は各自治体によって異なる

【計算例】 年金収入200万円（基礎所得額90万円）、
東京都世田谷区在住の場合

医療分：(90万円 × 8.69%) ＋ 4万9,100円 ＝ 12万7,310円

支援金分：(90万円 × 2.8%) ＋ 1万6,500円 ＝ 4万1,700円

介護保険料：8万6,664円

第3章

お金の心配が解消！生活を支える「老後資金」についての疑問15

▶ Q27～41 ◀

回答者

佐藤正明税理士・社会保険労務士事務所所長
税理士 CFP 社会保険労務士 日本福祉大学非常勤講師
佐藤《さとう》正明《まさあき》

老後の備えには公的年金だけでは不足する生活資金を補う自分年金づくりが急務

老後資金を蓄えるなら働いているうちそれもなるべく若いうちに「自分年金づくり」を行うことが重要じゃ
自分年金づくり?
公的年金(国民年金・厚生年金)とは別に銀行や生保などの金融商品で将来受け取る年金を増やしていくことじゃ
例えば60歳から郵貯の定額貯金に毎年60万円ずつ貯金したとする
すると10年後の70歳から毎年60万円+利息分を受け取れるというわけじゃ
10万円
10万円
70歳
60歳
ほー公的年金に加えてそれがあれば
家計は黒字ね
40～50代から自分年金づくりを始めるならi《イ》De《デ》Co《コ》がおすすめじゃ
積立金はすべて社会保険料控除の対象なので所得税が安くなる
節税を重視するなら非課税の新NISA《ニーサ》を利用する方法もある
運用益が非課税になるそうね
しかし新NISAは投資なのでリスクがある
初心者や高齢者にはリスクを低減できる「つみたて投資枠」がおすすめじゃ
毎月少しずつ投資していくわけだね
私たちも自分年金づくりを始めましょうよ
それオレにまだ働けってこと?
投資には余裕資金を充てることが鉄則じゃぞ

Q27 ひとり老後を送るには毎月いくら必要ですか？

A 65歳以上の1人世帯の月平均支出額は約15万円。持ち家なら10万円以下で暮らすのも可能。

老後に必要な生活費は、その人のライフスタイルや求める生活水準によって千差万別です。したがって、いくら必要かは一概にはいえません。

1つの目安として、総務省が実施している「家計調査報告」（2023年度）を見ると、65歳以上の単身無職世帯における月平均の消費支出は約15万円（14万5430円）となっています。消費支出の内訳は、食費・住居費・水道光熱費、交通・通信費など、日々の暮らしに欠かせない生活費が全体の5〜6割程度を占め、だいたい8万2000円くらいかかっています。これに医療費や交際費、教養娯《ご》楽《らく》費、被服費、家事用品などの消費支出が加わります。

一方で、毎月の収入については、年金などの月平均の収入が約12万円と報告されています。つまり、「収入12万円－支出15万円」となり、毎月約3万円が不足している計算になります。

とはいえ、これらはあくまで1つの調査による平均的な金額にすぎません。持ち家に住んでいて節約を心がけるなら、毎月10万円で暮らすこともできるでしょう。しかし、贅沢《ぜいたく》な暮らしがしたいなら、いくらあっても足りません。年金額や手持ちの資産を把握し、身の丈《たけ》に合った生活を心がけることが大切です。

ひとり老後の家計支出の例

65歳以上の単身無職世帯（高齢単身無職世帯）の家計収支（2023年）より

■実収入（年金、その他の収入）

年金、その他の収入	12万6,905円

■消費支出※

食料	4万103円
住居	1万2,564円
光熱・水道	1万4,436円
家具・家事用品	5,923円
被服及び履物	3,241円
保健医療	7,981円
交通・通信	1万5,086円
教育	0円
教養娯楽	1万5,277円
その他の消費支出	3万821円
合計	14万5,430円

出典：総務省統計局「家計の概要」2023年

※集計値は1円未満を四捨五入しているため、内訳の金額と合計額は必ずしも一致しない

Q28 ひとり老後にかかる自分の「毎月の支出額」を知るには、どうしたらいいですか？

A どんぶり勘定はタブー。毎月の食費や住居費、光熱費、医療費などを詳細に書き出そう。

毎月の支出額は個人差が大きいので、一度は詳細にチェックしてみることが大切です。

例えば、住居費、食費、水道光熱費、医療費、交通費（自動車の維持費を含む）、通信費（携帯電話やインターネットを含む）、娯楽《ごらく》費、被服費、そのほかの出費などに分類して書き出してみましょう。税金（所得税、住民税、固定資産税など）や社会保障費（国民健康保険料、介護保険料など）も忘れずに書き込みます。

光熱費は季節差が生じやすく、交通費や娯楽費など、月により大きく変化する費目もあるので、できれば1年間続けて支出を書き出し、それを12等分して毎月の支出額の目安にするといいでしょう。

Q29 自分の毎月の支出額が簡単に計算できる「書き込みシート」はありますか？

A 支出を書き出すさいによく起こる記入もれが、書き込みシートを使えばなくなることに。

次㌻に、毎月の支出額を書き込める「書き込みシート」を用意しました。ほかの項目に比べて支出が多い費用は、より詳細に分類して記録するといいでしょう。これまで見過ごしていたムダな出費が見えてくるかもしれません。まずは、現在、毎月かかっている生活費を正確に把握してみましょう。

ただし、この書き込みシートの費目は一例であり、記入するさいに自分が迷わない費目設定にすることが大切です。例えば、絵手紙を描く趣味があるなら、「趣味費→絵手紙に関する支出」、「教養娯楽《ごらく》費→その他の支出」とするなど、自分の暮らしに合わせて、自己流にカスタマイズ（設定を変更）するといいでしょう。

ひとり老後での毎月の生活費・書き込み表

年　　月

●この書き込み表をコピーするなどして1年間続けてみるのがおすすめ

項目	内訳	金額	前月比※
住居費	家賃	円	➡ ⬇ ⬆
	住宅ローンなど	円	➡ ⬇ ⬆
食費	食費	円	➡ ⬇ ⬆
	外食費	円	➡ ⬇ ⬆
水道光熱費	電気	円	➡ ⬇ ⬆
	ガス	円	➡ ⬇ ⬆
	水道	円	➡ ⬇ ⬆
通信費	電話	円	➡ ⬇ ⬆
	携帯電話	円	➡ ⬇ ⬆
	インターネット	円	➡ ⬇ ⬆
交通費	交通費	円	➡ ⬇ ⬆
	車両費（車の維持費など）	円	➡ ⬇ ⬆
医療費	診療費・入院費・通院費など	円	➡ ⬇ ⬆
	薬代・サプリメントなど	円	➡ ⬇ ⬆
教養娯楽費	教養娯楽・趣味などの費用	円	➡ ⬇ ⬆
	旅行など	円	➡ ⬇ ⬆
被服費	衣類・靴・鞄・服飾雑貨など	円	➡ ⬇ ⬆
理美容院費	理美容院、化粧品など	円	➡ ⬇ ⬆
家事用品費	家事雑貨（食器・電球など）	円	➡ ⬇ ⬆
	家庭用消耗品（洗剤など）	円	➡ ⬇ ⬆
交際費	飲み会・プレゼントなど	円	➡ ⬇ ⬆
特別な支出	冠婚葬祭など不定期な支出	円	➡ ⬇ ⬆
貯蓄・保険	貯金や投資など	円	➡ ⬇ ⬆
社会保険料	国民健康保険料・介護保険料など	円	➡ ⬇ ⬆
雑費1	分類できない出費	円	➡ ⬇ ⬆
雑費2	分類できない出費	円	➡ ⬇ ⬆
	合計	円	➡ ⬇ ⬆

※前月比が同額は➡、下がったときは⬇、上がったときは⬆に○印をつける

Q30 ひとり老後に必要な老後資金の総額はどう計算したらいいですか？

かつて、「老後資金は2000万円必要」という報道が世間を騒がせました。それは「厚生年金に加入していた夫と専業主婦の世帯で65歳時の余命を30年と想定」したケースに基づいたものでした。しかし、生活費が人によって差があるように、年金額も人によって異なり、住宅事情によって住居費も異なります。

A 毎月の生活費や年金を計算式に当てはめると算出できるが、年金額や住宅事情にもよる。

毎月の支出額が把握できたら（Q29参照）、ひとり老後に必要な老後資金の総額を計算してみましょう。

例えば、65歳以上の単身無職世帯の場合、「家計調査報告」（総務省・2023年度）によると平均的な毎月の生活費が約15万円、毎月の収入が約12万円なので、毎月約3万円の赤字を埋める老後資金が必要になります。

65歳時点の平均余命は男性が19・52歳、女性が24・38歳（厚生労働省・令和5年簡易生命表）なので、ざっくりと計算してみると、次のようになります。

- **男性：3万円×12ヵ月×20年＝720万円**
- **女性：3万円×12ヵ月×25年＝900万円**

この数字からは、65歳時点でおおよそ1000万円の老後資金があれば、ひとまず安心できるように思えます。ただし、年齢を重ねるにつれて介護費用などが加わることは想定しておいたほうがいいでしょう。

実際に、老後の生活費はいくらかかるのか、年金はいくらもらえるのかをできるだけ正確に把握し、「マイ老後資金」を算定してください。

ひとり老後に必要な老後資金の計算法（生涯自立の場合）

（毎月の生活費－毎月の年金※1）×12ヵ月×現在の年齢の平均余命※2

※1：ほかに収入があれば年金に合算
※2：65歳時点の平均余命は、男性で19.5年、女性は24.4年

【計算例】毎月の生活費が15万円、毎月の年金などの収入が12万円の女性（65歳）に必要な老後資金

（15万円 － 12万円）×12ヵ月 ×25年＝900万円

Q31 ひとり老後に備えるには、65歳までにお金をいくら蓄えるべきですか？

A 人それぞれ違う。年金で不足する金額を計算し、介護の費用も準備しておくのが理想。

Q30では、65歳時点で1000万円の老後資金があれば老後は「ひとまず安心」と説明しました。ただし、この金額は、月額12万円の年金収入があり、かつ毎月の生活費が約15万円のケースで算出した数字です。

年金額は個人差が大きく、月額12万円以上の年金を受け取っているのは、厚生年金に加入しつづけた男性です（上の図参照）。これをQ30の計算式（生活費＝月額15万円）に当てはめると、必要額は大幅に増えてしまいます。

- **厚生年金：月額約10・4万円（女性）↓4・6万円不足**
  ↓不足額4・6万円×12ヵ月×25年＝1380万円
- **国民年金：月額約5・4万円（女性）↓9・6万円不足**
  ↓不足額9・6万円×12ヵ月×25年＝2880万円

年金額が少ない場合は、より多くの老後資金を準備するか、生活費を抑える努力が求められます。

また、要介護になったときのことも考えておいたほうがいいでしょう。介護を受ける期間は人により異なりますが、平均すると4年7ヵ月という報告があります。

特別養護老人ホーム（特養）に入居すると、要介護3の場合で平均費用の月額は約8・7万円。要介護の全期間を特養に入居した場合の費用は、約480万円になります。年金で不足する月々の費用に加えて、介護にかかる費用も準備しておく必要があります。

年金額と介護の費用

種類	性別	年金月額の平均
国民年金	男性	5万8,798円
	女性	5万4,426円
厚生年金	男性	16万3,875円
	女性	10万4,878円

- 介護を受ける平均的な期間
  平均4年7ヵ月（54.5ヵ月）
  ※出典：公益財団法人生命保険文化センター
- 特別養護老人ホーム（特養）に入居した場合の月額費用
  要介護3で平均8万7,450円
  （多床室）住民税課税の場合
  ※出典：厚生労働省
- 要介護の全期間、特養に入居した場合の費用：
  4年7ヵ月で約476万円
  ※多床室・要介護3で計算

Q32 ひとり老後に備え、自分の「資産の総額」をきちんと確認しておくべきですか？

A 老後生活は年金や預貯金で送ることに。預貯金や株式などの資産の総額は必ず確認を。

公的年金（国民年金・厚生年金）だけで老後を生き抜くことは難しいといわざるを得ません。**元気に働けるうちは働いて、老後資金を少しでも増やす努力が求められるとともに、「どんな資産が、どのくらいあるか」を正しく知っておくことが大切です。**

具体的には預貯金、株式、債券、投資信託、退職金、保険、不動産など。そのほか、骨董品やブランド品、貴金属、自動車などの換金性の高い物品も資産と考えることができます。

「老後の備えは親の遺産があるから大丈夫」という人がいますが、借金や未納の税金など、マイナスの財産が遺される可能性もあることを考えておきましょう。

Q33 自分の資産総額をひと目で確認できる「書き込みシート」はありますか？

A 不動産や株式は計算しにくい評価額だが、書き込みシートを使えば簡単に算出できる。

多くの人は現金や預貯金だけでなく、有価証券や生命保険、不動産など、さまざまな資産を保有しています。**自分の資産がどのくらいあるか、次ページの「書き込みシート」に記入するなどして確認しましょう。**

土地の価格は公示地価、居住用不動産は市場の取引例などから把握できます。一方、住宅ローン残高やクレジットカードの支払残高は負債として把握し、資産から負債を差し引いた額が自分の純資産額となります。

また、生活費などの出金に利用する普通預金の残額は状況によって増減し、有価証券は値下がりするリスクがあります。毎月の月末残高を記録する習慣をつけておくと、資産管理としては万全です。

ひとり老後での毎月の生活費・書き込み表

種類		金融機関名など	金額	備考
資産	預貯金	＿＿＿＿＿銀行	円	普通預金
		＿＿＿＿＿銀行	円	定期預金
		＿＿＿＿＿銀行	円	外貨建て
	電子マネー	＿＿＿＿Pay など	円	キャッシュレス決済
	株式	＿＿＿＿＿証券	円	時価評価額
		＿＿＿＿＿証券	円	時価評価額
	投資信託	＿＿＿＿＿証券	円	時価評価額
		＿＿＿＿＿証券	円	外貨建て
	債券	＿＿＿＿＿証券	円	時価評価額
	退職金	＿＿＿＿＿銀行	円	一時金 または年金支給総額
	保険	＿＿＿＿＿保険	円	貯蓄性のある終身保険の解約返戻金や満期償還金
		＿＿＿＿＿保険	円	養老保険などの解約返戻金や満期償還金
	不動産	居住用建物 商業用ビルなど	円	マンションは取引事例を参考に時価評価する
		土地	円	公示地価
	自動車		円	時価
	その他	骨董品など	円	時価
資産の合計（Ⅰ）				円
負債	ローン	住宅ローン	円	ローン残高
		自動車ローン	円	ローン残高
	クレジットカード		円	支払残高
	その他の借入金		円	残高
負債の合計（Ⅱ）				円
純資産（Ⅰ－Ⅱ）				円

Q34 ひとり老後に備え、50代60代から「資金プラン」をどう立てて実行すべきですか？

A 50代は住宅ローンの繰上げ返済や低リスク投資、60代は定年後も働く、など。

50代は、働き盛りである反面、老後の不安を感じはじめる時期でもあります。家計の出費の多くを占める住宅ローンの繰上げ返済を最優先に行いましょう。

老後資金を増やすために投資を行うなら、早く始めるほど効果的です。しかし、50代からでも決して遅くはありません。運用益が非課税になるNISA《ニーサ》やiDeCo《イデコ》（個人型確定拠出年金）といった税制優遇がある金融商品を上手に活用しましょう（Q36参照）。

60代になったら、年金生活に入ることを前提に、無駄な出費を減らした節約生活を心がけるなど、生活の見直しが必要です。退職金や親の遺産などのまとまった資産があれば、低リスクの投資に回すことも検討します。

その一方で、元気なうちは働きつづけて、老後資金に手をつけないことも大切です。また、働いて社会とのつながりを保つことは心身の健康維持にもつながります。

資金づくりのプラン例

老後対策		具体例
50代	住宅ローンの繰上げ返済	繰上げ返済で金利負担を抑え、定年前に住宅ローンを完済する。
50代	賃貸費用の見直し	賃貸住まいの場合は将来の収入減を見込み、働いているうちに安い賃貸物件に住み替える。
50代	低リスクの投資	運用益が非課税になるNISAやiDeCo（個人型確定拠出年金）を利用して資産を増やす。
50代	教育費の見直し	子供の進学先を国公立にする。国の教育ローンや自治体の教育支援資金の利用も検討。
60代	定年後も働く	定年後再雇用で収入が減るが、慣れ親しんだ職場で働きつづける。意欲があるなら65歳以降も働きつづけることが望ましい。
60代	資産の有効活用	退職金や相続資産などを低リスクの投資に回す。親の不動産を相続した場合は賃貸収入を得るか、売却するかをよく検討する。
60代	生活を見直す	現役時代と年金生活とで同じ生活水準を保つのは現実的に難しい。外食費や交際費などを見直して、節約を心がけることが必須。

Q35 公的年金とは別に自分で備える「自分年金づくり」は必要ですか？

A 年金だけでひとり老後を送るのは難しい。ゆとりある老後を叶えたいなら、ぜひ必要。

公的年金（国民年金・厚生年金）の受給額は個人差が大きいとはいえ、ほとんどの場合、老後の生活を賄うのに十分とはいえません。例えば、夫婦2人世帯の標準的な年金額は約23万円ですが、単身世帯の国民年金（老齢基礎年金）の受給額は、満額（40年加入）でも月額6万8000円程度にしかなりません。

公的年金が老後資金の「柱」となることは確かですが、投資や個人年金保険などを活用し、積極的に「自分年金づくり」を行う努力が不可欠です。安定した老後やゆとりある生活のためにもiDeCo《イデコ》（個人型確定拠出年金）やNISA《ニーサ》（少額投資非課税制度）などを活用し（Q36参照）、自分年金づくりを始めましょう。

Q36 自分年金づくりにはどんな方法がありますか？おすすめの方法はなんですか？

A 税金優遇タイプ、保険タイプ、高金利タイプがある。自分に最適な方法を選ぶといい。

「自分年金づくり」で、最初に検討したいのが、**税金優遇タイプの金融商品です。**

iDeCo《イデコ》（個人型確定拠出年金）は、公的年金制度とは別に給付を受けられる私的年金制度の1つです。積立時に掛金全額が所得控除対象になり、所得税や住民税が安くなります。また、運用利益がすべて非課税で、さらに受取時にも税制優遇があります。

ただし、運用には手数料がかかること、原則60歳まで（60歳以上は、加入後5年間）は掛金を引き出せないこと、運用状況によっては資産が減る場合があることなどに注意が必要です。

株式や投資信託で得た利益が非課税になるNISA《ニーサ》

自分年金づくりの方法

名称		概要	メリット	デメリット
税金優遇タイプ	iDeCo（個人型確定拠出年金）	加入の申込、掛金の拠出、掛金の運用を自身で行い、その成果を受け取る私的年金制度の1つ	運用益が非課税。掛け金が全額所得控除	原則60歳まで掛け金を引き出せない（60歳以降の加入は5年経過以降）
税金優遇タイプ	NISA（少額投資非課税制度）	少額から長期にわたって資産を非課税で運用できる制度	運用益が非課税。いつでも現金化できる	投資対象は金融庁が認めた投資信託のみ
保険タイプ	個人年金保険	60歳、65歳など、契約時に定めた年齢から個人年金が受け取れる	貯蓄性が高く、リスクは低め	変額型や外貨建てでは元本割れのリスクも
高金利タイプ	外貨預金	日本円を米ドルやユーロなどの外国の通貨に換えて預ける預金	金利が高く、インフレに強い	為替手数料が高い。値下がりするリスクがある
高金利タイプ	外貨建 MMF	外国で設定され、日本に持ち込まれて販売される外国投資信託	外貨預金よりも利回りが高い	為替変動などで値下がりするリスクがある

は、2024年1月から新NISAとしてスタートしました。非課税となる保有限度額（総額）が1800万円まで拡大されて、非課税期間が無期限となっています。新NISAはiDeCoと異なり、いつでも現金化できることが魅力となっています。

外貨建ては高金利だが、リスクも高い

個人年金保険は、保険タイプの私的年金制度の1つです。保険の仕組みを利用し、一時払いや分割払いで保険料を納め、60歳や65歳など契約時に定めた年齢に達すると、一生涯または一定期間、個人年金が受け取れます。

将来に受け取る金額が確定している定額型ならリスクは低めですが、変額型や外貨建てでは、受け取れる年金額が払い込んだ保険料を下回ることがあります。

高金利が期待できる金融商品には、外貨預金や外貨建MMFがあります。外貨預金は元金や利息が米ドルなどの外貨建ての預金で、外貨建MMFは、外国で作られた投資信託の一種です。いずれも高金利が狙《ねら》えますが、リスクも高めです。必要な老後資金を確保したうえで、値下がりしてもいいと思える範囲で運用してください。

Q37 生活資金が不足すると「自治体の融資」が無利子で受けられるとは本当ですか？

A 無利子とは限らないが、利子がついても低利なので、困ったときは優先して検討を。

厚生労働省の要綱に基づいて実施されている**「生活福祉資金貸付制度」**は、高齢者・障害者・低所得者の経済的支援、自立支援、在宅福祉、社会参加の促進を図る公的な貸付制度です。**この制度による「生活福祉資金」には、用途に応じて総合支援資金、福祉資金、教育支援資金、不動産担保型生活資金の4種類があります。**資金の貸付けと同時に、市区町村の社会福祉協議会や民生委員による相談支援も受けられます。

無利子または低利なことが最大のメリットで、不意な出費がかさんだようなときは優先して検討すべき選択肢《し》の1つです。ただし、貸付金である以上、返済が必要な制度であることを理解したうえで利用しましょう。

Q38 自治体の融資「生活福祉資金」はどんなとき、いくら借りられますか？

A 生活費の不足や家の修繕などケースは多様。生活費の一時借入れなら上限50万円。

「生活福祉資金」にはいくつかの種類があり、主なものには、**「総合支援資金」「福祉資金」「不動産担保型生活資金」**などがあります。

総合支援資金は、失業や収入減により生活が維持できなくなったとき、生活を再建するまでの一時的な期間、生活費や住宅入居費などの貸付けを受けることができる制度です。

ただし、総合支援資金を受けるには、申請者（世帯主）が原則として65歳未満、ハローワークで求職中といったさまざまな要件を満たす必要があります。65歳以上の単身世帯で、特に求職はしておらず、年金収入だけで生活している場合には対象外となります。

ひとり老後の人が利用しやすい制度

ひとり老後の人が利用しやすい制度は、福祉資金か不動産担保型生活資金でしょう。

福祉資金は、生業を営むためや病気療養の経費、住宅の増改築や補修、福祉用具などの購入、介護や障害者サービスを受けるための経費など、さまざまな経費を福祉費として貸し付ける制度です。用途によって貸付上限額が異なり、日常生活で一時的に必要な経費は50万円まで、住宅の増改築に必要な経費は250万円まで、介護サービスを受けるために必要な経費は原則170万円までとなっています。

不動産担保型生活資金は、自宅を担保にして生活費を借りる制度です。ただし、推定される相続人の中から保証人を立てる必要があります。

生活福祉資金の貸付けを受けるには、ほかの貸付制度や公的支援を受けられない状況にあり、貸付けによって「経済的な自立が図られる」と見込まれるなどの条件があります。利用を検討するときは、まず民生委員などに相談してみましょう。

生活福祉資金の貸付けの種類

制度	名称	用途	借入可能額	償還期間	年利
総合支援資金	生活支援費	生活再建に向けて就職活動を行う間の生活費	月額20万円以内・単身者15万円／3～12ヵ月	10年以内	なしまたは1.5%
	住宅入居費	住宅の賃貸契約を結ぶために必要な費用	40万円以内	10年以内	なしまたは1.5%
	一時生活再建費	生活再建のために一時的に必要な費用	60万円以内	10年以内	なしまたは1.5%
福祉資金	福祉費	病気療養や住宅の増改築など、一時的に必要な経費	対象経費による（50万～460万円）	20年以内	なしまたは1.5%
	緊急小口資金	緊急かつ一時的に必要な生活資金	10万円以内	1年以内	なし
不動産担保型生活資金		居住用不動産を担保とし生活費を借入れ	月30万円以内（宅地評価額の7割程度）	契約終了後3ヵ月以内	3%

＊償還期間は2～6ヵ月の据置期間経過後からの期限。年利は、連帯保証人を立てた場合は無利子、立てない場合は1.5%。不動産担保型生活資金の年利は3%または長期プライムレートのいずれか低い利率

Q39 年金も貯蓄も少なく生活できなくなったら「生活保護」を受けるべきですか？

❶～❹を満たし、かつ月々の収入が最低生活費を下回ると判断された場合に、生活保護が受けられます。

A 持ち家がないなど一定要件を満たせば受けられる。生活に困窮したら迷わず申請を。

生活保護法に基づく生活保護制度は、憲法が定める健康で文化的な最低限度の生活を保障し、自立した生活ができるよう援助する制度です。**世帯の収入だけでは国が定める保護基準（最低生活費）に満たない場合に、「生活保護」の対象となります。**

生活保護を受けることに抵抗を感じる人も少なくないでしょう。しかし、どんなに努力しても生活が立ちゆかないことは誰にでも起こり得ることです。公的な支援を求めることをためらう必要はありません。

生活保護を受けるには、次の4つの条件を満たす必要があります。

❶資産を持っていない
❷働いても収入が足りない
❸年金や各種手当てでは不十分
❹親族から援助を受けられない

生活保護の種類

生活扶助	日常生活に必要な費用（食費・被服費・光熱費など）	食費や水道光熱費などを世帯人数に応じて支給（母子加算など、特定の世帯に加算あり）
住宅扶助	アパートなどの家賃	定められた範囲内で実費を支給
教育扶助	義務教育に必要な学用品費、給食費	定められた基準額を支給
医療扶助	医療費（自己負担分）	直接医療機関へ支払い（本人負担なし）
介護扶助	介護費（自己負担分）	直接介護事業者へ支払い（本人負担なし）
出産扶助	出産費用	定められた範囲内で実費を支給
生業扶助	就労に必要な費用（高校・専門学校の学費など）	
葬祭扶助	葬祭費用	

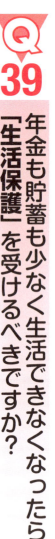

生活保護の4要件

条件❶ 資産を持っていない

預貯金や有価証券、自動車、貴金属を持っていない、未使用の不動産を所有していない（生命保険、簡易保険は認められることがある）。

条件❷ 働いても収入が足りない

働くことが可能な場合は、その能力に応じて就労して収入を得る必要がある。そのうえで、世帯収入が居住地の最低生活費よりも低い。

条件❸ 年金や各種手当てでは不十分

年金や各種保障手当てなど、法律で認められた給付を受けても、世帯収入が居住地の最低生活費よりも低い。

条件❹ 親族から援助を受けられない

親・子供・兄弟姉妹などの親族から援助が受けられず、そのうえで世帯収入が居住地の最低生活費よりも低い。

生活保護には8つの扶助がある

最低生活費は、世帯構成や世帯人数、住んでいる地域などによって異なります。正確な額を知りたい場合は福祉事務所に問い合わせてみましょう。

生活保護には生活扶助《ふじょ》、住宅扶助、教育扶助、医療扶助、介護扶助、出産扶助、生業扶助、葬祭扶助の8つの扶助があります。基本となる生活扶助、住宅扶助のほか、医療扶助、介護扶助など必要に応じて給付額が決まります。

Q40 生活保護を受けると選挙権や持ち家を失うとは本当ですか？

A 噂にすぎず間違い。車は所有できないが、極端に不便な生活を強いられることはない。

「生活保護」を受けられるのは、有価証券や自家用車などをすべて売却しても生活費が足りない場合です。

不動産も原則として処分しなければなりません。しかし、今住んでいる家を売却してしまうと、さらに生活が困窮しかねません。**よほどの豪邸で、高価格で売却できると判断されたとき以外は、自宅に住みつづけたまま生活保護を受けられます。**

住宅ローン返済中の場合は自宅を手放すことが前提となりますが、借入残高が少額、あるいは完済間近であれば受給が認められることはあります。

選挙権にも影響はなく、年金やその他の手当てを受けながらでも、生活保護を受けることは可能です。

Q41 生活保護を受けるにはどんな要件や手続きが必要？いくら受給できますか？

A 資産がないなど4要件を満たしたら福祉事務所などに申請を。受給額は人により違う。

「生活保護」の受給申請は、住んでいる地域を所管する福祉事務所で行います。

まず、面接・相談を通じて、相談員（ケースワーカー）が生活保護の申請が必要と判断した場合には、申請書が渡されるので、その場で記入して提出します。

その後、生活状況を把握するための家庭訪問や預貯金・保険・不動産などの資産の把握、扶養義務者による扶養の可否、年金や就労収入の状況、就労の可能性などの調査が行われます。そして、その結果に基づいて受給の要否が判断されます。

受給が決まれば、基準に基づいて最低生活費から収入（年金や就労収入）を引いた額が保護費として毎月支給されます。受給額は居住地や個人の事情によって異なります。なお、受給中は毎月収入の状況を報告する必要があり、ケースワーカーが訪問調査を行います。

生活保護の申請の流れ

ステップ❶ 面接・相談	住んでいる地域を所管する福祉事務所に行き、相談員（ケースワーカー）と面接・相談を行う。
ステップ❷ 申請受付	面接・相談で生活保護が必要と判断された場合には、申請書が渡されるので、記入して提出する。
ステップ❸ 調査	申請の翌日から1週間以内にケースワーカーが家庭を訪問して、世帯の収入や資産を調査。同時に、金融機関への調査や扶養義務者から援助が受けられるかどうかの確認が行われる。
ステップ❹ 要否判定	申請から14日以内に、家庭訪問の結果と金融機関への調査結果などを総合的に判断して、受給の可否が判定される。
ステップ❺ 決定・受給	福祉事務所が保護の適用を決定（または申請却下※）し、受給が開始されると、担当ケースワーカーが定期的に家庭訪問する。

※申請却下に不服の場合は、通知を受け取った日の翌日から60日以内に知事に対して審査請求ができる

第4章

急増する「熟年離婚」&「離婚時の年金分割」についての疑問10

▶ Q42～51 ◀

回答者

佐藤正明税理士・社会保険労務士事務所所長
税理士 CFP 社会保険労務士 日本福祉大学非常勤講師
佐藤正明《さとうまさあき》

離婚でひとり老後になる人も多く、年金が半減するうえ介護してくれる人もない

●離婚する夫婦の年金分割（3号分割）の例

＜事例＞夫の老齢厚生年金が140万円（結婚前の分は40万円、婚姻期間中の分は100万円）、老齢基礎年金が80万円。妻の老齢基礎年金が80万円の場合。

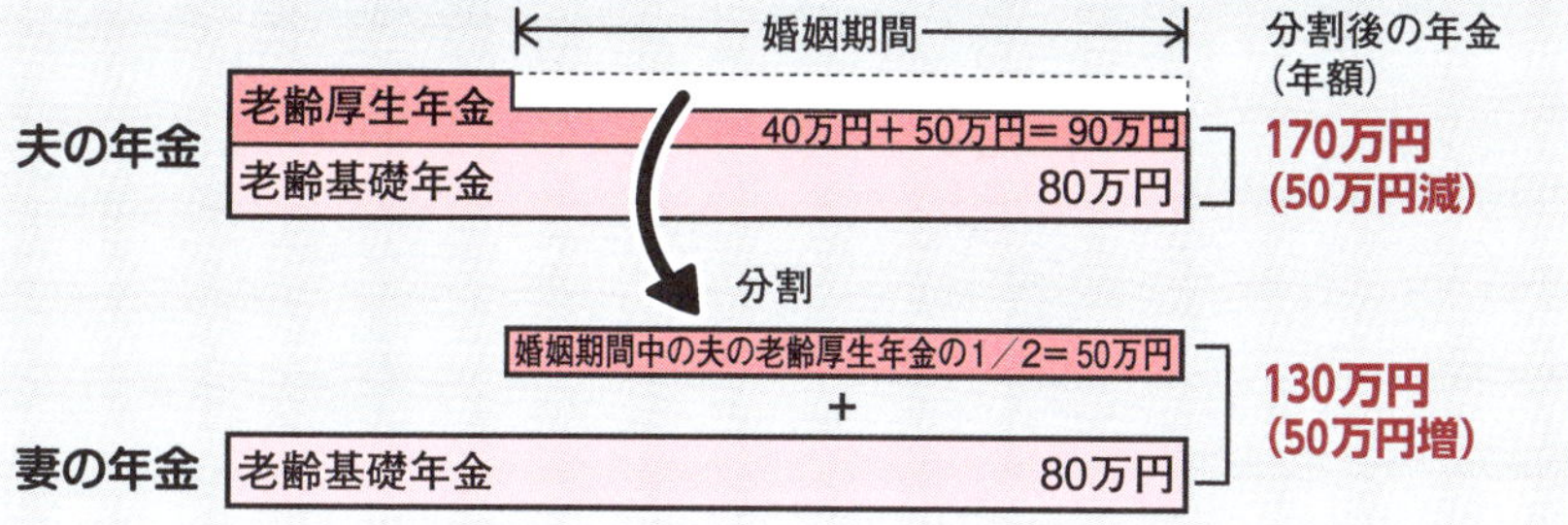

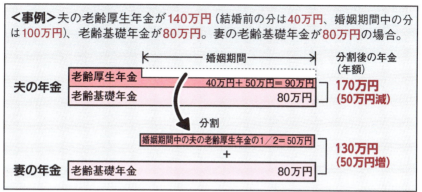

Q42 そもそも「熟年離婚」とはなんですか?

A 一般的に、20年以上連れ添った50歳以上の夫婦の離婚をいい、ひとり老後の増加の一因に。

長年連れ添った夫婦が離婚することを「熟年離婚」といいます。婚姻期間がおおむね20年以上の夫婦の離婚を意味し、熟年離婚の多くが50歳以上の夫婦となっています。ちなみに、50歳以上の夫婦でも、婚姻期間が短くて離婚した場合には、熟年離婚とはいいません。

近年、ひとり老後の人が増加しているのは、こうした熟年離婚が増えていることが一因と考えられています。熟年離婚だけではなく、生涯独身の人が増えていることも、ひとり老後の人が増えている一因です。

国立社会保障・人口問題研究所によると、50歳時点で一度も結婚をしたことがない人の割合は、2020年の時点で男性で約30%、女性で約18%に達しています。さらに、2050年には、65歳以上の単身世帯が全世帯の2割を占めると予測しています。

Q43 離婚件数は減っていますが、熟年離婚が年々増えているとは本当ですか?

A 全離婚のうち熟年離婚(同居期間20年以上)の割合は年々増加し、件数は年間約4万件。

婚姻数が減少している影響もあって、離婚件数も減少傾向にあります。厚生労働省の「人口動態統計(2023年)」によると、離婚件数のピークは2002年の約29万組で、2020年以降、離婚件数は20万組を割り込んで推移しています。2023年にはピーク時のおよそ4割減となる約18万組まで減少しています。

離婚件数の推移を婚姻期間別に見てみると、同居期間が5年未満での離婚件数は、ピーク時には約9万組でしたが、現在では5万組と、ピーク時の半分近くまで減少しています。

熟年離婚の件数は年間約4万組

その一方で、**結婚から20年以上経過した熟年離婚は、2000年ごろから年間4万組前後の水準で高止まりしています。**

離婚件数全体に占める熟年離婚の割合も増加していて、ここ数年は2割を超える高止まり傾向が続いています。しかも、同居期間が25年以上30年未満の熟年離婚は約1万1000組、同居期間が30年以上での「超」熟年離婚は1万2000組と、いずれも前年より増加しているのです。

ちなみに、昭和の時代の1985年には、同居期間20年以上の熟年離婚は2万組程度で、現在の半分程度でした。このうち、同居期間35年以上での熟年離婚に限ると、1985年は約1100組程度で、2023年の約6800組の16％程度となっています。

昭和の時代に比べて熟年離婚に対する抵抗感が少なくなり、年金分割などの離婚後の専業主婦を支援する制度ができたことも、熟年離婚の後押しになっているかもしれません。人生100年時代の一面といえるでしょう。

同居期間別に見た離婚件数の推移

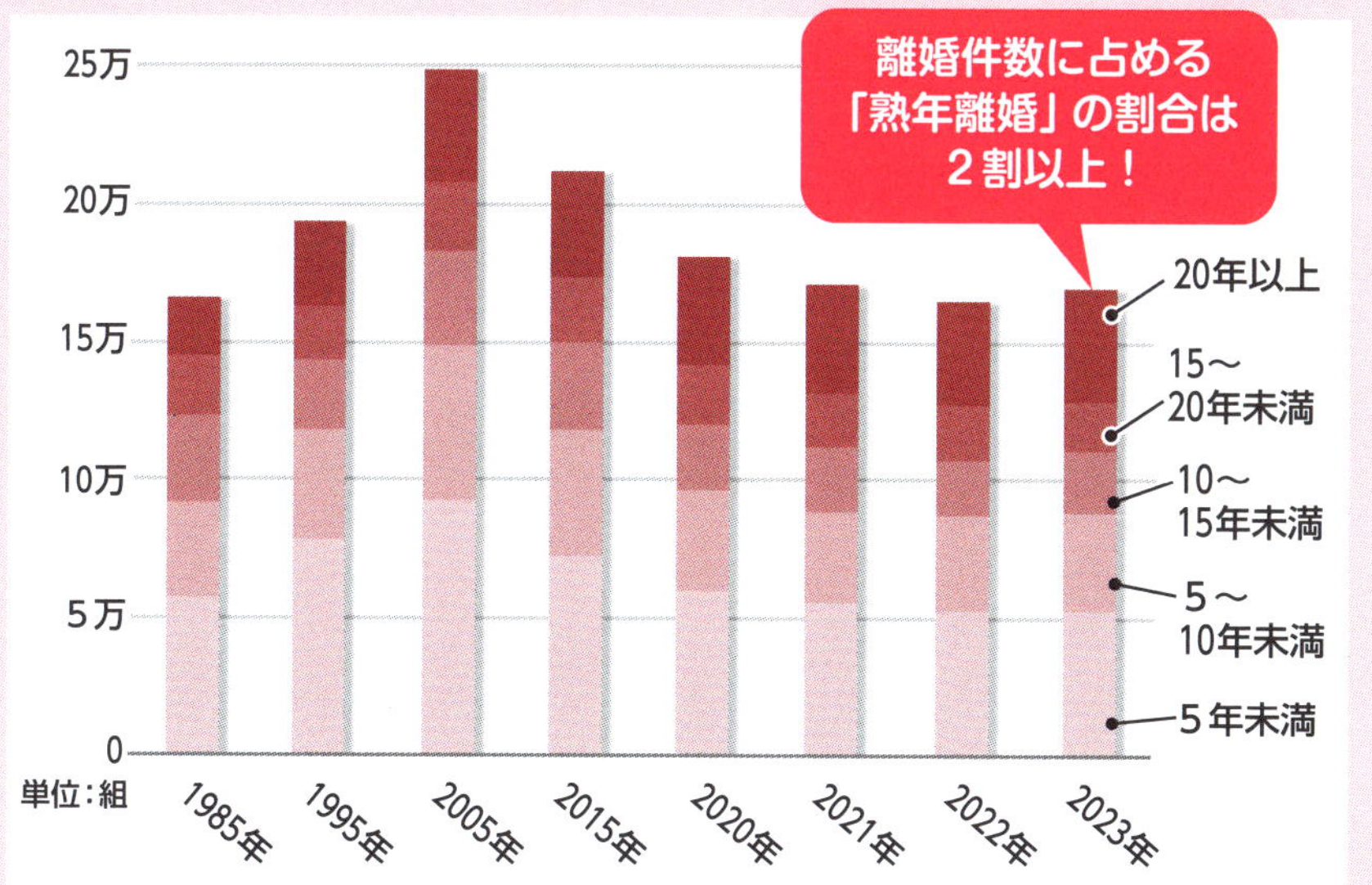

出典：厚生労働省「人口動態統計」2023年　＊同居期間不詳のものは含まない

Q44 熟年離婚の原因はなんですか？若い夫婦の離婚原因と違いますか？

A 性格や価値観の違い、相手の異性関係、性的不満などへの長年の我慢が原因に。

離婚の理由は人それぞれですが、熟年離婚の理由を整理すると、長年募らせてきた不満から解放され、新たな人生に踏み出したいという共通点があります。

❶性格・価値観の違い

性格の不一致や価値観の違いは、世代を問わず、離婚原因となります。

❷金銭感覚のズレ

価値観の違いの一種でもありますが、お金の使い方や管理方法などで不満を募らせるケース。金遣いの荒さや浪費癖《へき》は老後の生活の不安に直結します。

❸モラハラやDV

夫婦間の力関係のバランスが崩れた状況が、夫婦関係が破綻《はたん》する原因になるのは当然の成り行きです。

❹異性関係や性的不満

不倫によって信頼を失ったり長年セックスレス生活が続いたりすれば、夫婦生活は崩壊します。

❺配偶者の実家との関係

価値観の違いがあらわになる嫁姑《よめしゅうとめ》の問題は、昔から家庭内の大きな原因となっています。

❻少子高齢化と親の介護の問題

少子高齢化の影響で、子供1人にかかる親の介護の負担は重くなりがちです。配偶者が協力的でなければ不信感が芽ばえる一因となります。

❼相手への不満の積み重ね

価値観や生活習慣の相違などから起こる長年の不満の蓄積は、離婚への引き金につながります。

❽離婚へのハードルが下がった

かつては世間体《せけんてい》が悪いとされた離婚も、今ではよくあることとなり、新しい人生に踏み出す人が増えています。

Q45

熟年離婚をする夫婦には、どんな特徴がありますか？

A 夫婦間の会話が少ない、相手に感謝や謝罪を伝えない、共通の趣味がない、など。

熟年離婚を切り出す側には、夫婦関係を解消しても自立した生活ができるという自信や覚悟が必要。そこに至るまでの過程は千差万別ですが、概してコミュニケーション不足であることが多いようです。

例えば、日ごろから夫婦間での会話が少ない、相手に対する感謝や謝罪の気持ちを明確な言葉で伝えないといった状況が長年続けば、気持ちの行き違いが大きくなり、夫婦間の溝は深くなります。

逆に口を開けば、パートナーに対する悪口や不満ばかり。そんな毎日が続けば、細々と繋いできた信頼関係も損なわれてしまいます。

こうした熟年夫婦の多くはいっしょに外出する機会も少なく、時間を共にするということがほとんどありません。共通の趣味や話題、関心事があれば、おのずと会話ははずみ、共有する時間も長くなるはずです。

とはいえ、いっしょにいれば相手の欠点や短所にばかり目がいきがち。実際に離婚したり、別々に暮らしはじめたりすると、パートナーの長所や優しさが懐かしく思い出されるという話はよく聞かれます。

熟年離婚が唯一の解決策と思い込むことなく、長年連れ添ってきた夫婦関係を見つめ直し、再構築する努力も大切でしょう。

熟年離婚する夫婦の特徴

- 夫婦間で会話があまりない
- 相手に感謝や謝罪の言葉を伝えない
- パートナーに対する悪口や不満を口にする
- いっしょに出かけたり時間を過ごしたりするような機会がが少ない
- 共通の趣味や共通の関心事がない
- 定年した後も夫が家事をほとんど手伝わない
- 妻が仕事をしていて、経済的に自立している　など

Q46 熟年離婚のきっかけは定年退職が多いそうですが、それ以外にもありますか？

A 子育てが終わった、離婚後の生活の目途がついた、両想いの異性と出会った、など。

団塊の世代が定年退職を迎えたころ、**「主人在宅ストレス症候群」**という言葉が世間をにぎわせました。会社勤めだった夫が定年を迎え、一日じゅう家にいることで、妻にイライラや気持ちの落込みといった症状が現れたことが大きな社会問題となったのです。

退職後の在宅暮らしに慣れない夫が、妻と行動を共にしようとして、妻にべったりくっついている様子を指して**「濡れ落ち葉症候群」**という言葉も生まれました。買い物に同行して何かと口をはさんだり、「昼食は何？」と繰り返し聞いたりして、妻のペースを乱すのです。

夫の定年を機に熟年離婚に至るのは、価値観の異なるパートナーと一日じゅう顔を付き合わせていたくないという妻側のストレスが原因となっていることが多いとされています。度が過ぎると強い不安感に襲われ、身心症や体調不良が現れることさえあります。そんな状態から逃れようと、妻が本格的に仕事を始めたことがきっかけで経済的に自立できて、離婚後の生活に自信が持てるようになることも、熟年離婚の誘因となります。

また、**働くことで家庭外の世界が広がり、新たな人間関係の中で恋が芽ばえたり、価値観を同じくする人に魅力を感じたりするかもしれません。**そうしたことがきっかけで、熟年離婚に踏み切ることもあり得ます。

夫が定年を迎えるころには子供が成人し、結婚したり、就職したりしている場合が多いのも一因といえます。それまで離婚を思いとどまっていた最大の理由である「子供のために我慢する」という歯止めがなくなります。「これからは自分の人生を謳歌《おうか》しよう」という気持ちから離婚を決意するのは、男性にも女性にも起こり得ることです。

Q47 離婚を切り出す妻の気持ちがわかりません。どんなメリットがあるのですか？

A **長年の我慢から解放される、夫の介護から解放される、時間を自由に使える、など。**

ほとんどの場合、**妻が離婚を切り出す場合の最大の動機は、「自由になりたい」という切実な思いです。**

夫の精神的、経済的な束縛から逃れ、夫のために費やしてきた時間を自分の好きなように自由に使えるようになるという解放感を得たいのです。例えば、何時に起きようが、何を食べようが、誰にも遠慮はいらず、外出も自由で、帰宅時間が遅くなっても誰からも文句をいわれることはありません。

一方、婚家との関係にもよりますが、**義理の両親への気遣いや親戚《しんせき》付き合い、将来的な介護に不安を抱えている妻も少なくありません。**妻にとって熟年離婚は、これらの不満や不安の解消にもつながるのです。

Q48 離婚後のひとり老後が想像できません。どんなデメリットがあるのですか？

A **料理・掃除・洗濯などの家事や家計管理から近所付き合いまで全部1人でやることに。**

夫が熟年離婚によって受けるデメリットは、料理や掃除、洗濯、ゴミ捨てなどを何から何まで妻任せにしていた場合、それらすべてを自分でやらなければならないことです。家計の管理や近所付き合いも同様です。

1人暮らしや単身赴任の経験があったとしても、それまでの暮らしとはガラリと一変して、一日に何度も不自由や不便さを感じることになるでしょう。

一方、**妻（特に専業主婦）には、経済的な不安がつきまといます。**夫が亡くなって妻が財産を相続する場合は税制上の優遇措置を受けられますが、離婚してしまえば財産は相続できません。離婚のさいに、ひとり老後に十分な財産分与を得られる妻はそう多くないでしょう。

Q49 熟年離婚をすると夫の年金の半分が妻のものになるとは本当ですか？

A 原則、年金分割の対象は婚姻期間に加入した厚生年金のみ。国民年金は対象外。

離婚後の「年金分割」の対象となるのは、婚姻期間中の厚生年金のみで、国民年金は対象になりません。つまり、夫が独身のときに加入していた厚生年金の期間は対象外なので、妻に分割されるのは通常、夫の年金全体の半分よりずっと少ない額になります（Q50参照）。

Q50 離婚することになった場合、年金分割は具体的にどう行われますか？

A 合意分割・3号分割で異なる。3号分割なら相手の合意がなくても年金を請求できる。

離婚時に結婚期間中の厚生年金を分割することを「年金分割」といい、離婚後の年金を増額するためには、離婚から2年以内に請求する必要があります。年金分割は、年金記録を分割する手続きであるため、実際に受給できるのは自身が受給年齢に達してからです。

年金分割の制度には、夫婦で話し合って分割割合を決める「合意分割」と、2008年4月以降に妻が第3号被保険者だった場合に請求できる「3号分割」の2つがあります。分割割合は合意分割が最大50％、3号分割は50％ずつです。合意分割を請求したとき、婚姻期間中に3号分割の対象となる期間が含まれている場合は、合意分割で3号期間も同時に請求されたと見なされます。

●合意分割

共働き（第2号被保険者）でも、専業主婦・専業主夫（第3号被保険者）でも請求できる分割方法。主に共働きの夫婦が利用する分割方法で、すべての結婚期間について2人の厚生年金を分割します。

当事者双方の合意により分割割合（上限50％）を決め、夫婦で年金事務所に出向いて手続きします。合意できな

いときは、家庭裁判所の審判や調停などで按分《あんぶん》します。

●3号分割

2008年4月以降に専業主婦・専業主夫（第3号被保険者）であった結婚期間について、配偶者（第2号被保険者）の厚生年金を、相手の合意なしに一律50％で分割することができます。

なお、2008年3月以前の結婚期間は、妻が専業主婦であっても合意分割を行うことになります。

年金額そのものではなく納付記録を分割

合意分割の計算例をあげてみます。例えば、夫の年収400万円、妻の年収200万円の共働きの夫婦が按分割合50％で合意分割した場合、夫の年収と妻の年収の合計600万円の50％は300万円なので、妻の年収との差額である100万円分の厚生年金の「納付記録」が夫から妻へ分割されます。

一方、3号分割では、専業主婦だった妻に、夫の年収400万円の50％である年収200万円分の年金の納付記録が分割されます。

したがって、**年金分割により減った夫の年金と同じ額を、そのまま妻が受け取れるわけではありません。夫から分割された納付記録と妻の納付記録を合わせて、改めて計算された年金を、妻が受給することになります。**

合意分割と3号分割の違い

	合意分割	3号分割
対象期間	婚姻期間中に一方が厚生年金に加入していた期間	2008年4月1日以降の婚姻期間のうち第3号被保険者であった期間
分割の対象	婚姻期間中の当事者の厚生年金の標準報酬	2008年4月1日以降の婚姻期間のうち第3号被保険者であった期間の相手の標準報酬
分割の方法	標準報酬が多いほうから少ない方へ分割	厚生年金の被保険者から第3号被保険者に標準報酬を分割
分割割合	2分の1まで	2分の1
合意	必要	不要
手続き	基本的には、夫婦で年金事務所に行き手続きする	第3号被保険者だった人が年金事務所で手続きする
請求期限	原則、離婚の翌日から2年間	

Q51 夫が年金分割に応じてくれない場合には、どうしたらいいですか？

A 合意分割の場合に、話し合いで決着しなければ家庭裁判所に調停を申し立てることに。

年金分割の「合意分割」（Q50参照）で合意に至らない場合、離婚した日の翌日から2年以内（今後、5年に延長される予定）であれば、家庭裁判所に按分《あんぶん》割合を定める審判または調停の申立てを行うことができます。

合意分割の申立てができるのは、分割の当事者に限られており、申立てには申立書と「年金分割のための情報通知書」が必要です。この情報通知書は、離婚後に年金事務所や共済組合などから交付を受けます。調停で決まらない場合には、審判に進みます。家庭裁判所の裁判官が書面照会などで相手方の意見も聞き、当事者双方を裁判所に呼び出して、按分割合を決定します。

離婚自体も合意に至っておらず、離婚調停と同時に年金分割の割合についても調停で決めたい場合には、「夫婦関係調整調停（離婚）」の手続きを利用することができます。

ただし、家庭裁判所で按分割合が定められても自動的に年金が分割されるわけではなく、離婚した翌日から2年以内に年金事務所などで年金分割請求手続きを行う必要があります。なお、審判や調停が定まる前に2年を過ぎてしまっても、年金分割ができる場合もあります。くわしくは年金事務所に問い合わせてみてください。

年金分割の手続きの流れ

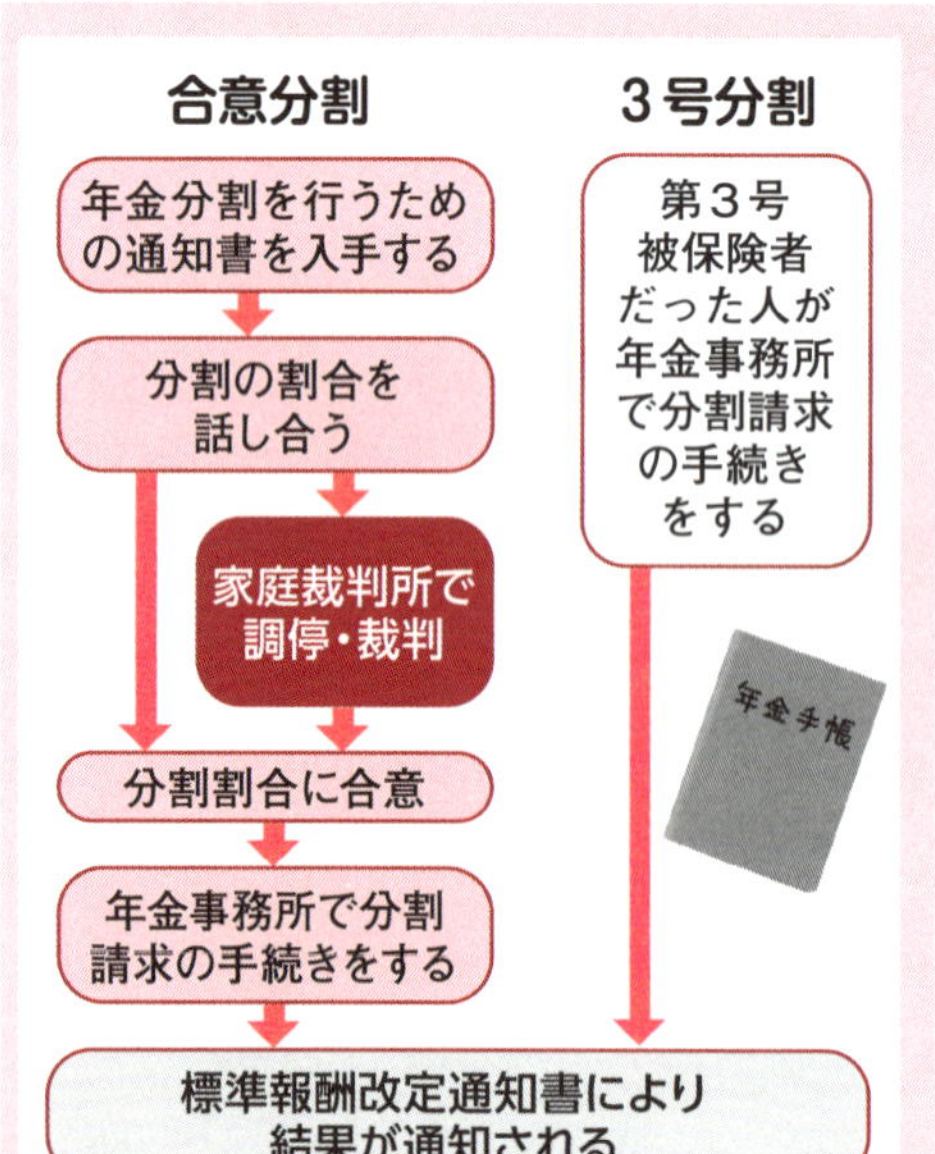

第5章

社会とつながる！ひとり老後の「働き方」についての疑問10

▶Q52～61◀

回答者

佐藤正明税理士・社会保険労務士事務所所長
税理士 CFP 社会保険労務士 日本福祉大学非常勤講師
佐藤正明《さとうまさあき》

65歳以降も働けば貯蓄を取り崩さなくてすみ老後や介護への備えも万全に！

介護休業給付
介護休業中に給料の最大67%が支給される
奥さんが要介護になってもご主人は給付金をもらいながら介護に専念できるんじゃ
もっと
高年齢求職者給付
高齢者向けの失業給付だね
勤続期間により失業給付の基本手当日額の30日分または50日分が支給される
教育訓練給付
これって
再就職のための職業訓練に対する給付金だよね
そうとは限らん
教育訓練給付を利用して資格を取得すれば再就職に有利になるが自己研鑽《けんさん》にもつながる
宅地建物取引士
ファイナンシャルプランナー
マンション管理士
ケアマネジャー
医療事務
調理師
運行管理者
介護福祉士
簿記
危険物取扱者
社会保険労務士
社会福祉士
いろんな資格取得に使えるんだ
65歳以降も働けばひとり老後にも備えられるぞ!
大切な老後資金を取り崩さなくてすむし健康維持にもつながる
調理師資格を取って釣った魚を料理してよ
あなたがひとり老後になっても調理ができれば安心でしょ
いいことずくめじゃ
おなか減ってるのか
グー

Q52 ひとり老後なら年金だけで生活できます。65歳以降も働くべきですか？

A 働くことのメリットは、収入面だけでなく、社会とつながり健康維持にも役立つこと。

退職直後は貯蓄と年金で生活できたとしても、その後、重い病気になったり、事故に遭ったり、介護が必要になったりと、いつ、どんな出費が生じるかは誰にもわかりません。状況によっては寿命を迎える前に貯蓄が底を突き、年金だけで暮らせなくなる可能性もあります。

そうした事態に備えて、働けるうちは働いて収入を得ることが、ゆとりあるひとり老後につながります。

働くことで得られるメリットは、収入だけではありません。社会とのつながりや人との出会い、生きがい、やりがいなど、人生を豊かにしてくれることがたくさんあります。また、規則正しい生活が送れるので、健康維持や老化防止、認知症予防などにも役立ちます。

内閣府の『高齢社会白書』（2024年版）によると、2023年において働いている人は全体で6925万人。このうち65～69歳は394万人、70歳以上は537万人と、労働力人口に対する65歳以上の人の割合は13・4％となっています。

高齢者は体力や記憶力は若者にかなわなくても、経験に基づくノウハウやスキルや技術力など、労働市場で求められる能力を有しています。人手不足が深刻な昨今、働く高齢者の存在価値は高まるいっぽう。働きつづけることは、ゆとりあるひとり老後への第一歩となります。

働くことのメリット

- 年金を受給しながら厚生年金に加入して働くことで、厚生年金の受給額が増える
- 給料で生活し、年金を繰下げ受給すれば、繰下げ後に受け取れる年金額が増える
- 規則的な生活を送り、人と交流を図ることができるため、孤独感が少なくなり、健康維持、認知症予防にもつながる
- 出勤することが「見守り」につながり、無断欠勤時などには安否を確認しもらえる
- 仕事を通してやりがいや達成感を感じることができる
- 企業に所属することで定期的に健康診断を受けられて、病気の早期発見や予防につながる

Q53 ひとり老後を楽しみながら仕事を持つには、どんな働き方がおすすめですか？

A 週3日勤務、1日3～4時間勤務などがおすすめ。すきま時間を使うアルバイトも検討を。

年齢を重ねて腕力や体力の低下を実感するようになると、現役時代と同じようにフルタイムで働くのは難しいと考える人は少なくありません。**心身の状態に向き合いながら、月数万～10万円くらい稼げる「小さな仕事」を見つけてはいかがでしょうか。**やりたい仕事をやれる範囲で、自分のペースでやることが、長く働きつづけるコツといえます。

これまでの経験を生かせる働き口が見つかればベターですが、シニア向けの求人は、接客、警備、清掃、介護などが多く、事務系の仕事は多くありません。新たな職種に挑戦する意欲も大切です。高齢者でも再就職しやすくなる資格を取得するのもいいでしょう（Q58参照）。

正社員にこだわらず、自分の働きたい時間に、短時間や単発のアルバイトで働くことも選択肢《し》の1つです。働くのは週に2～3回、1日3～4時間程度にして、ほかの日は趣味や余暇の時間に充てると、ひとり老後の暮らしが充実したものになります。人手不足の昨今では、店が忙しい昼と夕方の1日2回、短時間だけ勤務するパートのニーズも増えているようです。

最近では、そうした短期で働く「スポット・ワーカー」と事業者とをスマホを介してマッチングさせる「スポットワーク・アプリ」も利用されています。すきま時間を活用して働いてみるのもいいでしょう。

働き方の例

- 正社員にこだわらず、パートやアルバイトなどで働く
- 1日3～4時間勤務にするなど、短時間働く
- 毎日働かず、週2～3回勤務して、ほかの日は余暇を楽しむなど、働き方を工夫する
- 店が忙しい昼と夕方だけ働くなど、勤務先や自分の体力に応じて1日2回出勤する働き方も検討する

Q54 65歳以降も働く場合、雇用保険に入れますか？受けられる給付はなんですか？

A 高年齢被保険者として加入でき、高年齢求職者給付金など4つの給付が受けられる。

かつて、雇用保険の加入には年齢制限がありましたが、2017年からは撤廃され、加入要件を満たす従業員は、年齢や雇用形態に関係なく雇用保険への加入が義務づけられています。**64歳までの加入者が「一般被保険者」と呼ばれるのに対し、65歳以上の加入者は「高年齢被保険者」と呼ばれます。**

加入要件は「31日以上働く見込みがある」「週の所定労働時間が20時間以上」の2点です。ただし、1つの企業では労働時間が週20時間に満たなくても、複数の事業所で勤務し、2つ以上の事業所での勤務時間を合算したときに20時間以上になれば、特例的に雇用保険に加入できます。これを「マルチジョブホルダー制度」といい、対象者を「マルチ高年齢被保険者」といいます。

65歳以上の高年齢被保険者が受け取れる雇用保険には、基本手当（いわゆる失業保険）に相当する**「高年齢求職者給付金」**をはじめ、60歳以上の人が基本手当を受けずに60歳時点と比べて賃金が75%未満に低下した状態で働いている場合に受け取れる**「高年齢雇用継続基本給付金」**、基本手当の受給中に再就職した人を対象とした**「高年齢再就職給付金」**、基本手当の支給残日数が3分の1以上残っている場合の**「再就職手当」**の4種類があります。

4つの給付金が受けられる

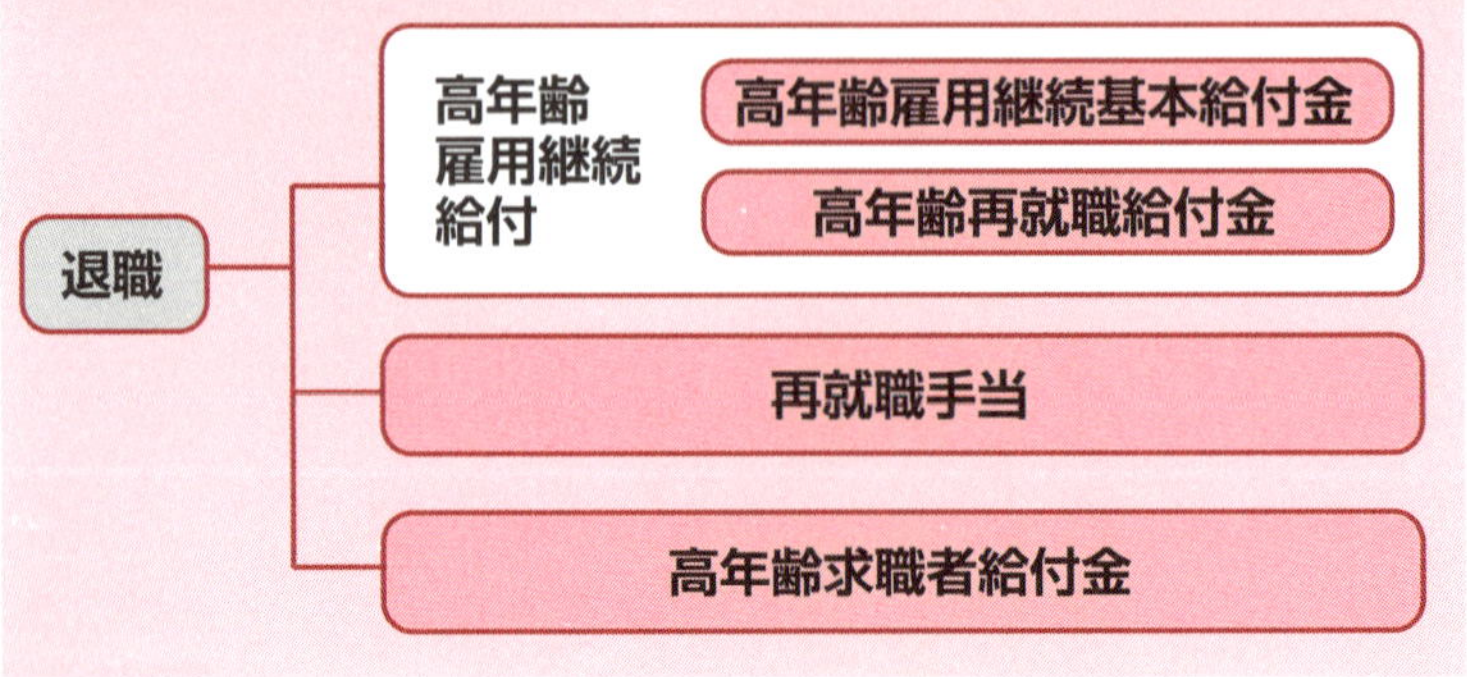

Q55 雇用保険の「高年齢求職者給付金」は、どんな人に、いくら支給されますか？

A 失業した65歳以上の人が対象。給付額は1年以上勤務なら基本手当日額の50日分。

雇用保険に加入する65歳以上の高年齢被保険者が失業すると、基本手当（いわゆる失業保険）に相当する**「高年齢求職者給付金」**の給付対象となります。

受給資格は「離職の日以前の1年間に被保険者期間が通算で6ヵ月以上あること」と「失業状態にあること」です。受給するには、現在の住所や居所を管轄するハローワークに必要書類を提出し、求職の申込手続きを行わなくてはなりません。

給付される額は、被保険者期間（加入期間）によって異なります。1年未満なら基本手当日額の30日分、1年以上なら基本手当日額の50日分で、一時金として一括支給されます。基本手当日額は「賃金日額 × 給付率（80～50%。50%は65歳以上の場合）」で計算し、賃金日額は「離職日の直前6ヵ月に支払われた賃金総額÷180」で算出されます。

受給期間は、離職日の翌日から1年間です。受給のための申請手続きが遅れると、給付金を受け取れなくなることがあるため、退職日を過ぎたらなるべく早いうちに手続きを行いましょう。

高年齢求職者給付金の受給額

■給付日数について

◉被保険者期間が**1年未満**
退職前6ヵ月の賃金合計÷180×給付率×給付日数**30日**

◉被保険者期間が**1年以上**
退職前6ヵ月の賃金合計÷180×給付率×給付日数**50日**

■給付率（離職時の年齢が65歳以上の人）

賃金日額	給付率
2,869円以上 5,200円未満	80%
5,200円以上 1万2,790円以下	80～50%
1万2,790円超 1万4,130円以下（上限額1万4,130円超）	50%（上限額7,065円）

出典：厚生労働省「雇用保険の基本手当日額が変更になります ～令和6年8月1日から～」

Q56 高年齢求職者給付金は転職のたびに何回も受給できるとは本当ですか？

A 給付回数に制限はない。実際、転職を繰り返すたびに何回も給付を受ける人がいる。

雇用保険の高年齢被保険者が離職時に受け取れる**「高年齢求職者給付金」**は、失業するたびに何回でも受給できます。以前は一度だけしかもらえませんでしたが、2017年の雇用保険法改正で改められました。**年齢の上限や回数の制限がなくなったことで、❶離職の日以前の1年間に被保険者期間が通算で6ヵ月以上あり、❷失業状態にある**（就職したいという意思があり積極的に求職活動をしている）**という2つの条件さえ満たしていれば受給できます。**

パートでもアルバイトでも条件を満たしさえすればいいので、週20時間以上働くつもりなら、雇用保険に加入できる働き方を選ぶといいでしょう。

Q57 雇用保険の「教育訓練給付」は自分のスキルアップに役立てられますか？

A 年齢や職業を問わず受講料の20％が給付される。資格や技能の習得にチャレンジを。

「教育訓練給付」は、厚生労働大臣指定の教育訓練を受けた雇用保険の被保険者（加入者）に受講費の一部を支給する制度で、大手専門学校や通信教育にもその指定講座があります。**65歳以上の高年齢被保険者が利用できる教育訓練給付には、「一般教育訓練」「特定一般教育訓練」「専門実践教育訓練」の3種類があります。**

受給要件は、高年齢被保険者または被保険者でなくなった日から1年以内で、雇用保険の被保険者として働いた期間が原則として3年以上ある（初回給付に限り一般・特定教育訓練は1年、専門実践教育訓練は2年）、ハローワークなどでキャリアコンサルティングを受けている（特定一般教育訓練と専門実践教育訓練）などです。

Q 58 65歳以上でも取得しやすく転職にも役立つ「有力資格」はなんですか？

A 簿記、管理業務主任者、宅建、FP、介護福祉士、介護支援専門員、調理師など数多い。

「人生100年時代」といわれ、年金だけでは生活が心もとないとされる昨今、先々の人生を見すえて、60代になってから資格を取得する人が増えています。

60代から資格を取得しようとするときは、以下のポイントに注目して選ぶといいでしょう。

- **これまでの経験を生かせる資格**
- **社会的な需要が高く興味を持てる資格**
- **独立開業に役立つ資格**

資格は、認定する団体や組織によって、国家資格、公的資格、民間資格があります。国家資格は信頼性が高く、独立開業にも役立つ資格が多くあります。ただし、その分、難関な資格が多く、合格率も低くなります。

自分の経験を生かせる資格や興味を持てる資格であれば、取得するための勉強も苦にならないでしょう。社会的な需要の高い資格が狙《ねら》い目となります。

転職しやすい資格の例

資格名	種類
社会保険労務士	労働や社会保険などに関する専門家
中小企業診断士	経営の診断や経営に関する助言を行う
ファイナンシャルプランナー（FP）	資産運用や金融に関するアドバイスを行う
宅建建物取引士	不動産の売買や賃貸の仲介のさいの必要資格
マンション管理士・管理業務主任者	マンションの修繕計画などの助言や指導を行う
電気主任技術者	事業用電気工作物の工事、維持、運用に関する保安監督。一種・二種・三種がある
調理師	2年以上調理業務に従事している必要がある
社会福祉士	福祉や医療に関する相談援助を行う専門家
販売士	商工会議所主催の販売のプロ育成の検定試験
DIY アドバイザー	DIYを行う人をサポート
日本語教師	日本語を母語としない人に日本語を教える

Q59 起業を考えています。国や自治体の「シニア向け起業支援」はありますか？

A 日本政策金融公庫、東京都などの自治体で実施している支援制度があるので検討を。

高齢者が「起業」する場合、民間銀行から融資を受けるのは難しいことが少なくありません。そこで、**国や自治体が提供しているシニア向けの助成金や融資制度を上手に活用しましょう**（下の図参照）。

特に、補助金や助成金は融資と違い、返済する必要がないので、起業するさいには、利用の可・不可をまずは検討してみてください。

また、ほとんどの自治体で、起業、新事業の立上げ、設備導入などに必要な資金に対する補助金や助成金などの公的制度が設けられています。資金面の支援だけでなく、創業支援型の施設が用意されている自治体もあり、これらを利用すれば、創業時にかかる事務所費用などを大幅に節約できる可能性があります。

まずは、居住する自治体または起業を予定する自治体にどんな支援制度があるのか確認してみましょう。

シニアの起業を支援する制度の例

	制度名（実施機関）	概要
補助金	小規模事業者持続化補助金・一般型（経済産業省）	販路開拓などに取り組む費用の一部を補助する。おおむね4ヵ月ごとに募集が行われ、受付回ごとに審査・採択が行われる。
補助金	創業支援等事業者補助金（経済産業省中小企業庁）	創業に関する普及啓発を行う取組みに必要な経費の一部を助成。人件費・事業費・委託費の3つの区分があり、各区分ごとに経費の2/3以内を交付決定下限額50万円～補助上限額1,000万円の範囲内で支給。
融資	女性、若者／シニア起業家支援資金（日本政策金融公庫）	女性、若者、55歳以上の人が新規事業を興すか起業7年以内の場合に、7,200万円（うち運転資金4,800万円）を上限に特別利率で利用できる。
融資	女性・若者・シニア創業サポート事業（東京都）	東京都内の女性・39歳以下または55歳以上の男性で、都内で創業の計画がある、もしくは創業後5年未満の代表者が受けられる融資。

Q60 収入は少なくてOKです。「シルバー人材センター」で働くのはおすすめですか？

A 働くことで生きがいを感じ、地域社会に貢献できる。仕事も自由に選べるので、おすすめ。

「シルバー人材センター」とは、原則として60歳以上の人が働くことを通じて生きがいを得るとともに、地域社会の活性化に貢献するための組織です。おおむね市区町村単位で設置されています。

シルバー人材センターでは地域の家庭や企業、公共団体などから請負契約または委任契約で仕事を受注（受託

シルバー人材センターの仕組み

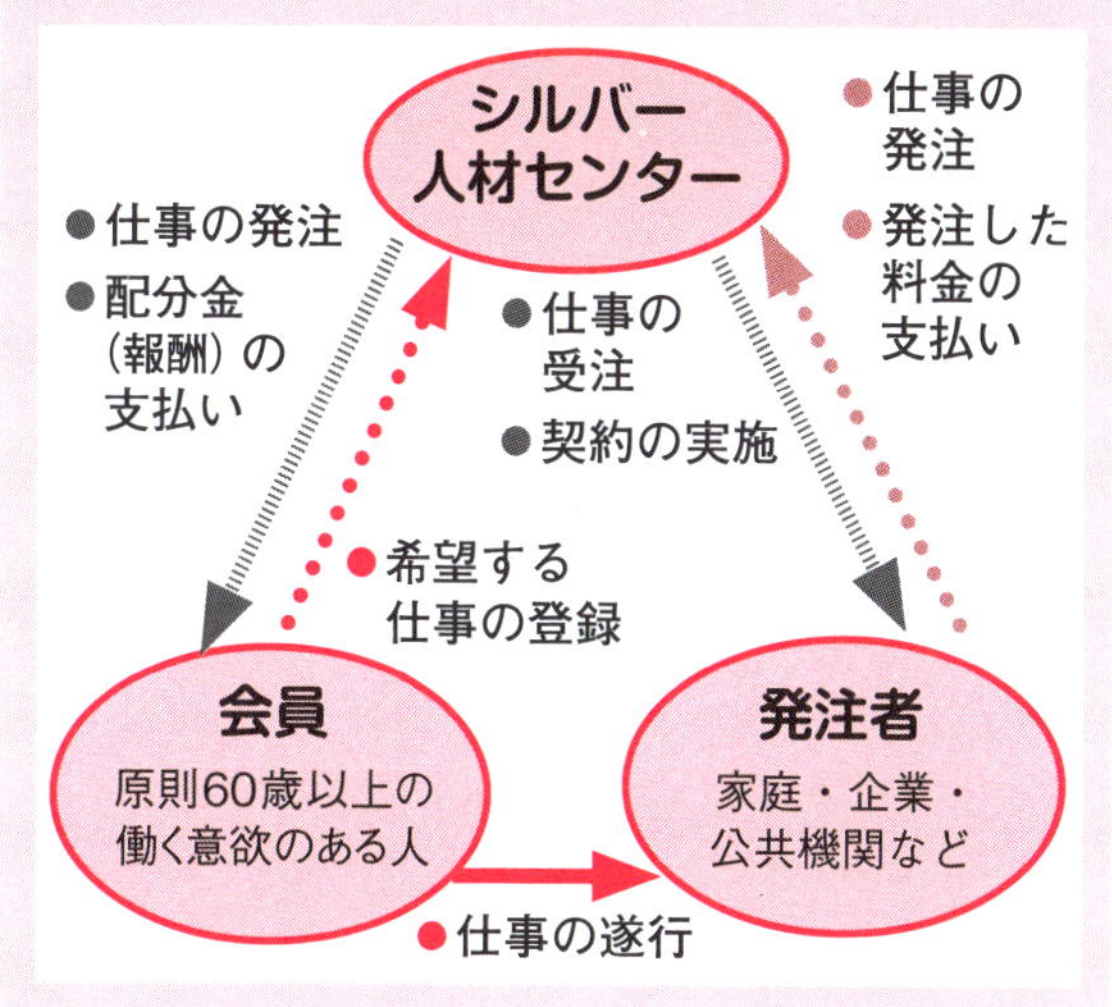

シルバー人材センターの仕事例

◉ 技術分野
家庭教師／学習教室の講師／翻訳・通訳／自動車の運転／地域の観光ガイド

◉ 技能分野
庭木の剪定／障子・ふすまの張替え／大工仕事／ペンキ塗り／衣類のリフォーム／刃物とぎ

◉ 事務分野
一般事務／経理事務／調査・集計事務／年賀状や結婚式などの宛名書き／パソコン入力

◉ 管理分野
ビル、アパート・マンションなどの建物管理／スポーツ、遊戯場などの施設管理／駐車場・駐輪場の管理／来客の案内・交通整理

◉ 折衝外交分野
販売員／配達・集配／電気・ガスの検針

◉ 一般作業分野
除草・草刈り／屋内や屋外の清掃／包装・梱包（封入や袋詰めなど）／調理作業の補助（皿洗いなど）／農作業（種まき・雑草取り・収穫など）／エアコン・換気扇の清掃／チラシ・ビラ配り

◉ サービス分野
家事支援（掃除洗濯）／福祉支援（身の回りの世話、話し相手）／育児支援（子守り、送迎）　など

事業）し、会員登録した高年者の中から適任者を紹介しています。そのため、自分の都合がいい時間に、希望する仕事を選んで、家から比較的近い場所で働くことができるといったメリットがあります。

シルバー人材センターの仕事の内容は実に多種多様です。例としては、家庭教師や翻訳、地元の名所の観光ガイド、年賀状や結婚式の招待状などの宛名書き、草むしり、庭木の剪定《せんてい》、植栽などの公園管理、自転車置き場の管理、障子・ふすま張り、屋内や屋外の清掃、福祉・家事援助サービスなどがあります。特に、パソコンやスマホ教室、ボランティア活動に力を入れているシルバー人材センターもあります。

2022年には、全国1340のシルバー人材センターに約68万人の会員が登録していました。常に希望する仕事があるとは限らず、就業日数や安定した収入の保障はありませんが、年金の足しに登録する人も多く見られます。平均では、月に8～10日就労した場合で月額3万～5万円程度の収入になるといわれています。

Q61 65歳以降も働いて年金を繰下げ受給する場合、その間の税金は安くなりますか？

A 繰下げ受給するまでは年金収入がない分、税金だけでなく社会保険料も安くなる。

65歳以降も働きつづけると、公的年金（国民年金・厚生年金）の受給開始を遅らせる「繰下げ受給」（Q67～71参照）を選びやすくなります。**65歳以降に働いても通常は給料が下がり、年金も受け取らなければ、その分、所得が少なくなるため、所得税や市町村民税などの税金だけでなく、社会保険料も安くなります。**

年金の受給額は、受給開始を1ヵ月遅らせるごとに0・7％ずつ増額されます。とはいえ、受給開始後はその増額分の所得が増えて、税金や社会保険料は、65歳時点で年金を受け取った場合よりも増えてしまいます。

また、ひとり老後で収入が年金のみなら、年間150万～160万円程度までは非課税（自治体によって異なる）です。しかし、繰下げ受給の増額によって年金がその非課税額を超える場合には注意が必要です。

第6章

受給額が半減!? ひとり老後の「年金」についての疑問16

▶ Q62～77 ◀

回答者

城戸社会保険労務士事務所所長
特定社会保険労務士
城戸正幸《きどまさゆき》

夫か妻に先立たれたときのひとり老後を支える年金額を押さえておくことが重要

しかし オレの厚生年金 約140万円の2／3の 約93万円が遺族厚生年金 として支給されるぞ
じゃあ ひとり老後に なると 約153万円
夫婦2人の年金 300万円が ほぼ半減する ことになる
月額だと 約13万円ね 貯蓄を 取り崩しても 生活するのは 厳しいわ！
繰上げ受給を しなかったら 年金は 減額されず 約173万円
うーん
月額だと 約14・4万円…… それでも少し 厳しいかも
ご主人が 会社を辞めたら 奥さんは 国民年金と 付加年金に 任意加入して 年金額を 増やす手もある
付加年金？
国民年金保険料に 加えて毎月400円 払うと年金額が増え 2年受給するだけで 元が取れる お得な制度さ 長く受給するほど 得するそうだ
ただし 付加年金は 奥さんが60歳までに 国民年金加入40年を 満たしていない 場合に その不足した 期間分を限度に 加入できる
会社を辞めて 結婚するまでの 約1年間 保険料を払って いなかったかも……
もしそうなら お前の年金額は 2万円も減って 約78万円になるぞ ねんきん定期便で 調べて任意加入 しないと…
ね… ねんきん 定期便…
ひとり老後になると 夫婦2人分の年金が 1人分になる！ そのとき自分が 年金をいくら受給 できるか知っておく ことが重要じゃ

Q62 夫婦2人暮らしです。ひとり老後になると年金はどれくらい減額されますか？

A 2人分の年金が1人分に。一般的に、妻の受給額はおおよそ1／2から2／3に減る。

ひとり老後になると夫婦2人分の年金が1人分になります。実際に年金額がどれくらい減るのか、❶❷❸のひとり老後になった妻のケースで確認してみましょう。

❶片働き世帯＝夫が会社員で妻が専業主婦の場合

夫が先に亡くなると、妻は夫の老齢厚生年金（以下、厚生年金）の4分の3を遺族年金として受け取れます。

夫の年金額が200万円（老齢基礎年金〈以下、基礎年金〉80万円、厚生年金120万円）、妻の年金額が80万円（基礎年金）の場合、2人分の年金額は280万円。妻がひとり老後になると、妻1人分の年金額は「妻の基礎年金80万円＋遺族厚生年金90万円（120万円×3／4）＝170万円」となり、約2／3に減ります。

❷共働き世帯の場合

夫の死亡時に65歳以上になっていた妻に厚生年金と遺族厚生年金を受ける権利がある場合は、原則として妻自身の厚生年金が優先されます。ただし、遺族厚生年金のほうが高い場合は、その差額を受け取れます。

夫の年金額が200万円（①の例と同じ）、妻の年金額が100万円（基礎年金80万円、厚生年金20万円）の場合、2人分の年金額は300万円。夫の死亡後、妻の年金額は「妻の基礎年金80万円＋妻の厚生年金20万円＋遺族厚生年金70万円（遺族厚生年金90万円－妻の厚生年金20万円）＝170万円で、約3／5に減ります。

1人分の年金だけで生活するのは難しい

❸国民年金のみの自営業世帯の場合

夫の年金額（老齢基礎年金80万円）、妻の年金額（老齢基礎年金80万円）の場合、2人分の年金額は160万円。妻がひとり老後になると年金額は80万円（妻の基礎年金のみ）で、約1／2に減ります。

以上のとおり、ひとり老後になると年金額はほぼ半減します。節約を心がけるなど生活の見直しが必要です。

Q63 女性は「年金の支給もれ」が起こりやすいそうですが、注意点はなんですか？

A 女性は結婚や夫の転職などで支給もれがよく起こる。年金記録を必ずチェックしよう。

女性に「年金の支給もれ」が多いのは、女性が加入する年金制度が頻繁に変更されるからです。

女性の多くは、高卒後に就職して20歳前で厚生年金に加入し、数年で結婚退職して専業主婦となりました。

1986年3月以前の専業主婦の期間は国民年金の任意加入期間で、任意加入しなければカラ期間（加入期間に算入されるが年金額には反映しない期間）となります。同年4月以降の専業主婦の期間は国民年金の第3号被保険者（以下、第3号）となりますが、夫が退職したときに60歳未満の専業主婦の妻は、国民年金の第3号から第1号に変更されます（60歳になるまで）。

このように、加入する年金制度が変わるときに手続きが正しく行われないと年金の支給もれが起こります。例えば、夫の退職で妻が第3号から第1号になったとき、手続きを行わないと未納期間になってしまいます。

また、年金の記録は1997年から基礎年金番号で管理されていますが、それ以前のものに記録もれや誤りが多いようです。自分の年金記録を「ねんきん定期便」や「ねんきんネット」などで確認してください。記録が「未加入」になっている期間があれば要注意です。

年金記録の確認方法

ねんきん定期便	● 毎年誕生月にハガキが届く（直近13月の月別状況） ● 原則、35歳、45歳、59歳のときは封書で届く ➡これまでの年金加入履歴や将来受け取る年金見込額などを確認できる
ねんきんネット	● 日本年金機構のホームページで確認 ● ねんきんネットの登録が必要（❶❷の方法がある） ❶マイナポータルからの登録 ❷ねんきんネットのユーザーID取得 https://www.nenkin.go.jp/n_net/registration/summary.html ➡年金加入履歴や年金見込額、電子版・ねんきん定期便の情報を確認でき、各種手続きも行える ● 氏名や生年月日を入力すると、持ち主不明の記録（いわゆる「消えた年金」）の中に、自身の記録があるか調べることもできる

＊ねんきん定期便・ねんきんネット専用ダイヤル
TEL 0570-058-555（ナビダイアル）

出典：日本年金機構「あなたの気になる年金記録　もう一度、ご確認を」パンフレットより

Q64 女性の支給もれの有無を確認するためのチェック表はありますか?

A 支給もれが起こるケースは主に8つ。年金を全部受け取るためにチェック表で確認を。

女性に**「年金の支給もれ」**が起こるケースには、❶結婚前のOL時代の年金、❷保険外交員の厚生年金加入、❸加入期間が短く受給資格期間を満たさない、❹夫の転職時の妻の手続き、❺夫の定年退職時の年下の妻の手続き、❻離婚したときの妻の手続き、❼妻の振替加算(特に年上の女性)、❽夫死亡後の未支給年金(ほとんどの人に発生する)という主に8つがあります。

自分に年金の支給もれや保険料の未納がないか、下のチェック表で調べてみましょう。支給もれが起こる原因、確認方法、対応法もわかります。

もし、年金記録のもれや誤りが見つかれば、年金額を増やすことができます。年金受給資格期間(国民年金は10年間)を満たせず無年金となるはずの人も年金をもらえるようになったり、60歳以降の任意加入で対応したりできます。ぜひ、チェックしてみてください。

女性の「年金の支給もれ」「未納」チェック表

	主なケース	原因	確認方法・対応法
□	結婚前のOL時代の年金	姓の変更で記録もれになりやすい	ねんきん定期便や年金事務所で年金記録の空白期間を確認
□	保険外交員の厚生年金加入	厚生年金に加入していることを知らない	ねんきん定期便や年金事務所で年金加入歴を確認
□	加入期間が短く受給資格期間を満たさない	カラ期間で受給資格を得られることを知らない	1986年3月以前の専業主婦期間を確認。ほかのカラ期間は年金事務所で確認
□	夫の転職時の妻の手続き	第3号➡第1号の被保険者変更手続きをしていない	ねんきん定期便や年金事務所で年金加入歴を確認
□	夫の定年退職時の年下の妻の手続き	第3号➡第1号の被保険者変更手続きをしていない	過去2年間はさかのぼって保険料納付が可能(60歳以降の任意加入でも対応可)
□	離婚したときの妻の手続き	第3号➡第1号の被保険者変更手続きをしていない	離婚による年金分割の請求も併せて検討する(Q49〜51参照)
□	妻の振替加算(年上の妻)	夫の65歳到達時に妻が振替加算の請求手続きをしていない	毎年6月に届く年金額改定書で振替加算額の欄に金額の記載があるか確認
□	夫死亡後の未支給年金	未支給年金の請求手続きをしていない	夫が亡くなると未支給年金が発生するので、忘れずに請求手続きを行う

*ほかにも年金記録に「もれ」や「誤り」のある場合がある。例えば、名前に複数の読み方がある(シズ子、シヅ子など)、本来と違う名前や生年月日で会社に勤めていた、など

Q65 年上の妻は年数万円の「振替加算」の支給もれが多いとは本当ですか？

A 本当。年上の妻は振替加算の請求を行う必要があるが、知らずに放置する人が多い。

65歳未満の妻を持つ夫が受給している厚生年金には、年金の家族手当ともいえる**「加給年金」**が加算されています。加給年金は妻が65歳になった時点で支給されなくなりますが、同時に加給年金は**「振替加算」**に形を変え、この振替加算が妻の老齢基礎年金に加算されることになります。振替加算の額は妻の生年月日で異なりますが、若い人ほど少なくなり、1966年4月2日以降生まれの妻には支給されません（下の図参照）。

妻が年上の場合、夫の65歳到達時に妻は65歳以上になっているので、夫に加給年金は支給されません。しかし、妻には振替加算が支給されるので、夫の65歳到達時に妻は振替加算開始届の提出が必要とされています。

年下の夫が65歳になると、妻あてに「老齢基礎年金への加算金に関する手続きのお知らせ」というハガキが送付されてきます。ハガキが届いたら、原則として妻本人が、最寄りの年金事務所に、加算開始事由該当届と再度生計維持関係を証明する書類（夫が65歳到達以降の発行日付の戸籍謄本・世帯全員の住民票、妻の所得証明書）を提出します。すると、夫が65歳になった月の翌月分から、振替加算が妻に支給されます。

特に年上の妻の場合、届いたハガキの内容を確認しない、振替加算について知らないといったことが原因で、振替加算の請求もれがよく起こります。十分に注意しましょう。

振替加算の額

妻の生年月日	支給額（年額）
1926年4月2日～1927年4月1日	23万4,100円
～	～
1957年4月2日～1958年4月1日	4万620円
1958年4月2日～1959年4月1日	3万4,516円
1959年4月2日～1960年4月1日	2万8,176円
1960年4月2日～1961年4月1日	2万1,836円
1961年4月2日～1966年4月1日	1万5,732円

＊妻の条件は国民年金のみの人または厚生年金や共済組合の加入期間が合算して20年未満、夫の条件は厚生年金や共済組合の加入期間が合算して20年以上であること（妻と夫は逆でもよい）

Q66 夫や妻の死亡時に多発する「未支給年金」の請求手続きはどう行いますか？

A 死亡した夫または妻の年金の1～3ヵ月分が未支給になってしまうので必ず請求しよう。

年金を受給中の人が死亡したときに、まだ本人に支給されていない年金があります。これを「未支給年金」と呼びます。

実は、年金受給者が死亡したときには、この未支給年金がほぼ必ず発生します。なぜなら、年金は受給権の発生日の翌月から死亡した月まで2ヵ月に1回（偶数月）支給されますが、このとき、偶数月の15日に前月と前々月の2ヵ月分がまとめて後払いされるからです。当然、死亡した月の分は翌月以降に支払われるため、最低でも死亡月の1ヵ月分が未支給年金となってしまうのです。

奇数月に死亡した場合には、2ヵ月分が未支給年金となります。例えば、下の図のように9月に死亡すると、8月分も未支給年金になります。また、偶数月に死亡した場合、年金支給日の15日以降の死亡であれば1ヵ月分が未支給年金になりますが、15日よりも前に死亡すると3ヵ月分が未支給年金となってしまいます。

死後に未支給年金がある場合は、遺族が請求手続きをすることで受け取ることができます。

未支給年金を受け取れるのは、原則として、亡くなった年金受給者といっしょに生活をしていた人（生計同一の人）です。

夫の死亡日と未支給年金の関係

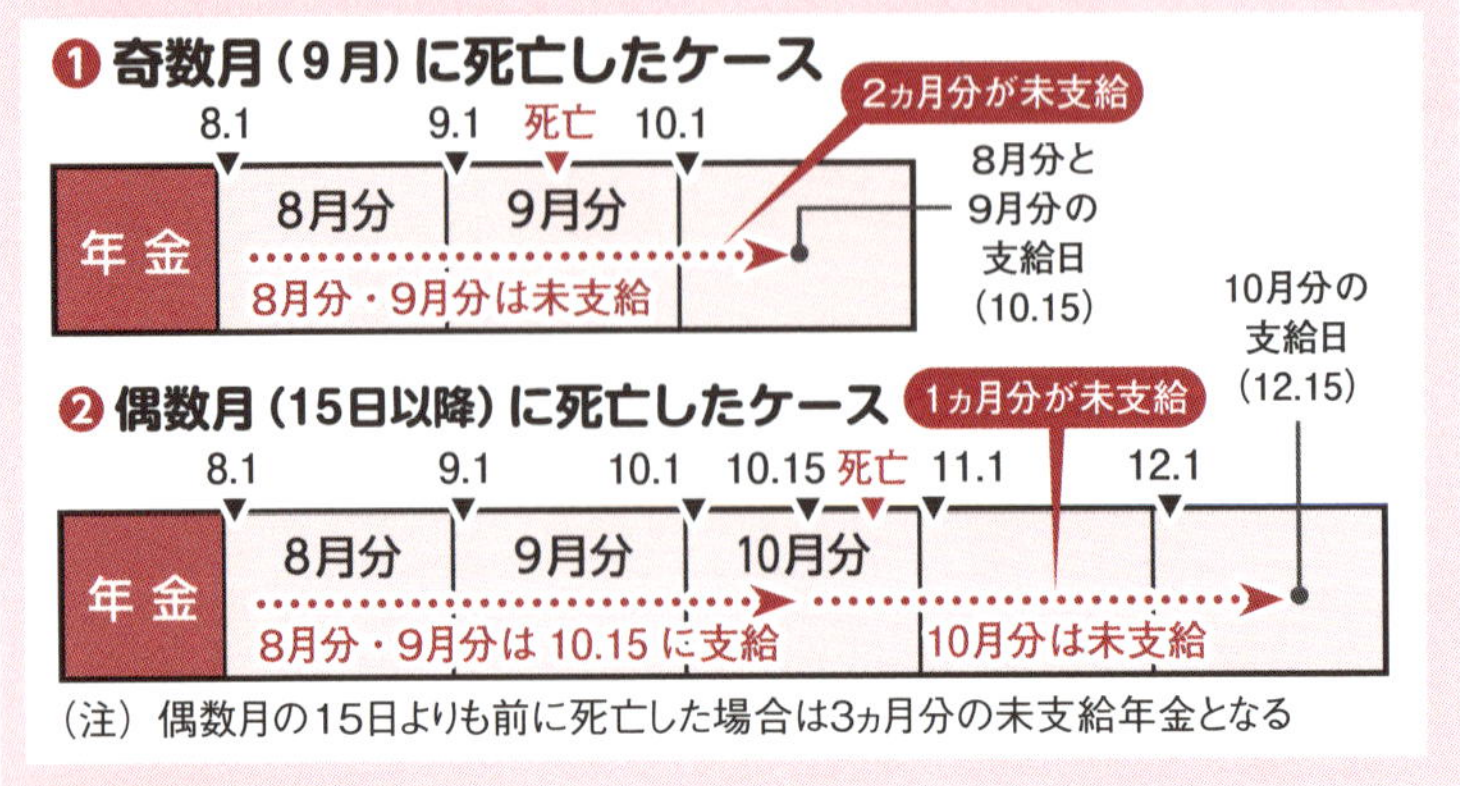

（注）偶数月の15日よりも前に死亡した場合は3ヵ月分の未支給年金となる

出典：日本年金機構ホームページの一部を改変

Q67 ひとり老後に備えて、年金額が最大84％増える「繰下げ受給」は行うべきですか？

A 年金がなくても生活できるうちは、受給開始を遅らせて年金額を増やすのがおすすめ。

年金は原則として65歳から支給されますが、受給を遅らせて66～75歳から受け取ることもでき、これを**「繰下げ受給」**といいます。受給を1ヵ月遅らせるごとに年金額が0・7％ずつ増え、70歳から受給すると42％、75歳から受給すると84％増えます（Q68の図参照）。65歳以降も働く人や十分な貯蓄のある人は、繰下げ受給を行うといいでしょう。

ただし、繰下げ受給にはいくつか注意点があります。

まず、受給開始年齢に応じた損益分岐点年齢（繰下げの総受給額が65歳受給開始の総受給額に追いつく年齢）**に達するまでに死亡すると割が合わないことになります。**

次に、年金の家族手当ともいえる**「加給年金」**の受給資格があっても、**繰下げ受給をするまでの繰下げ待機中に加給年金は支給されず、増額もされません。これは「振替加算」**（Q65参照）**についても同様です。**65歳からの原則受給で年額約40万円の加給年金（配偶者の場合は振替加算）を受け取るか、繰下げ受給をするか、どちらか有利なほうの選択を検討しましょう。

注意点を十分考慮したうえで判断しよう

老齢厚生年金の受給を遅らせて請求（繰下げ請求）すると、厚生年金基金や企業年金連合会などの企業年金の支給も併せて繰下げとなってしまいます。

また、遺族年金（Q75～77参照）**には繰下げによる増額**（繰下げ増額）**も反映されません。遺族厚生年金は「亡くなった人の老齢厚生年金の3／4」ですが、これは繰下げ増額される前の年金額で計算されます。**

さらに、繰下げ受給前の死亡による未支給年金（Q72参照）にも増額率は反映されず、70歳以降の死亡では5年より前の分の年金が時効で支給されなくなります。

このような注意点を十分に考慮したうえで、繰下げ受給を行うかどうかを判断してください。

Q68 繰下げ受給を行う場合、元を取るには年金を何歳まで受給すればいいですか？

A 65歳受給開始の総受給額を上回るのは、受給開始が70歳なら約81歳、75歳なら約86歳。

繰下げ受給を行って元が取れるのは、65歳受給開始の総受給額を繰下げ受給の総受給額が上回ったときであり、この時点を**「損益分岐点年齢」**といいます。

例えば、65歳時点の年金額が100万円の場合、65歳から年金を受給する人は、70歳になるまでの5年間に受け取る年金総額は500万円です。これに対し、70歳で繰下げ受給する人は、70歳から42％増額された142万円（増額分は42万円）の年金を受給することになります。

繰下げ受給の総受給額が65歳受給開始の総受給額を上回るには、増額分の42万円で、受給していない500万円分の年金を回収しなければなりません。したがって、回収までの年数は11・9年（500万円÷42万円）となり、繰下げ受給による回収は70歳から始まるので、損益分岐点年齢は81・9歳（70歳＋11・9年）。この年齢を超えて長生きするほど得することになります。

繰下げ受給の損益分岐点年齢（65歳受給に追いつく年齢）

受給開始年齢	受給率（増額率）	受給額（例）※年額	損益分岐点年齢	65歳の平均余命／生存年齢
65歳	100%（なし）	100万円	－	男性 19.52年／84.52歳 女性 24.38年／89.38歳 「2023年・簡易生命表」厚生労働省による
66歳	108.4%（8.4%）	108万4,000円	77.9歳	
67歳	116.8%（16.8%）	116万8,000円	78.9歳	
68歳	125.2%（25.2%）	125万2,000円	79.9歳	
69歳	133.6%（33.6%）	133万6,000円	80.9歳	
70歳	142%（42%）	142万円	81.9歳	
71歳	150.4%（50.4%）	150万4,000円	82.9歳	
72歳	158.8%（58.8%）	158万8,000円	83.9歳	
73歳	167.2%（67.2%）	167万2,000円	84.9歳	
74歳	175.6%（75.6%）	175万6,000円	85.9歳	
75歳	184%（84%）※ ※以降は同じ	184万円	86.9歳	

＊繰下げ1ヵ月につき増額率0.7%、老齢基礎年金も老齢厚生年金も同じ
＊65歳時の本来受給額に追いつく年齢は、繰下げ受給開始後、原則11.9年で同じ
＊繰下げ受給の請求（繰下げ請求）は、66歳から75歳（1952年4月1日以前の生まれの人は70歳）になるまでの間に行うことができる。増額された年金は、繰下げ請求した月の翌月分から受け取れる

出典：日本年金機構「老齢年金ガイド（2024年度版）」の一部を改変

Q69 繰下げ受給を行ったほうが有利になるのはどんな人ですか？

A 長生きの人ほど総受給額が増える。65歳以降も働く夫やその妻も検討するといい。

繰下げ受給には増額（繰下げ増額）というメリットがあるものの、損益分岐点年齢を超えて長生きしないと、なんのメリットもありません（Q67・68参照）。**人の寿命は誰にもわかりませんが、繰下げ受給を行ったほうが有利になると思われる人とその特徴は、次のとおりです。**

❶長生きが予想される人

長寿の家系や健康状態が良好な人は、比較的長生きすると考えられます。また、女性は、男性と比べて5歳くらい長生きする傾向にあります。長生きすると結果的に、生涯に受け取る年金額が増加します。

❷現役時代に十分な収入や貯蓄のある人

現役時代に高収入を得ていれば、十分な貯蓄もできるはず。65歳以降も年金なしで生活できるほどの貯蓄があるなら、繰下げ受給を行うといいでしょう。

❸退職後すぐに大きな収入源のある人

退職後も大きな収入源（不動産収入など）があれば、生活に困りません。とりあえず65歳時点での年金受給を見送り、年金が必要になった時点で繰下げ請求を行う方法も考えられます（1ヵ月単位で請求できる）。

❹65歳以降も会社で働きつづける人

65歳以降も会社で働くと給与所得で生活でき、将来は繰下げ増額された年金で暮らせます。ただし、給料が高くて在職老齢年金の減額がある場合、この減額部分を除く厚生年金額だけが繰下げ増額の対象となります。

繰下げ受給を行ったほうが有利になる人

1. **長生きが予想される人**
（長寿の家系、健康状態が良好の人、女性など）
2. **現役時代に十分な収入や貯蓄のある人**
3. **退職後すぐに大きな収入源がある人**
（不動産収入、事業所得など）
4. **65歳以降も会社で働きつづける人**

＊単に損益分岐点年齢（65歳受給に追いつく年齢）だけを捉えるのではなく、受給者本人が増額された年金を今後の生活の糧として価値を見い出すことが重要

Q70 妻は年金の1階部分「老齢基礎年金」のみの繰下げ受給が有利とは本当？

A 2階部分の老齢厚生年金は遺族厚生年金と併給調整されるが老齢基礎年金はその対象外。

繰下げ受給は、老齢基礎年金・老齢厚生年金（以下、基礎年金・厚生年金）の両方を同時に請求することも、別々に請求することもできます。では、妻は老齢基礎年金のみを繰下げ受給したほうが有利なのでしょうか。

もしも夫が先に亡くなると、妻には遺族厚生年金が支給されますが、遺族基礎年金は支給されません。なぜなら、遺族基礎年金の受給要件は子（原則、18歳到達日の年度末までの子）のある妻であり、ひとり老後となった高齢の妻のほとんどは要件を満たさないからです。

夫が亡くなると妻は、遺族厚生年金と妻自身の基礎年金・厚生年金が支給対象となります。ただし、遺族厚生年金よりも妻の厚生年金のほうが優先支給（併給調整）となり、遺族厚生年金額のほうが多い場合、その差額だけが遺族厚生年金として支給されることになります。

したがって、妻が厚生年金を繰下げ受給しても、この増額（繰下げ増額）後の年金額が遺族厚生年金額を上回らないとメリットはありません。厚生年金額が少ない場合、厚生年金の繰下げ受給は得策といえないでしょう。

一方、妻は基礎年金の受給を繰り下げると年金額が着実に増えます。繰下げ待機中に振替加算は支給されませんが、この加算額は小額です（Q65参照）。長生きするほど繰下げ増額のメリットのほうが大きくなります。

遺族年金の受取方の例（老齢基礎年金のみ繰下げの場合）

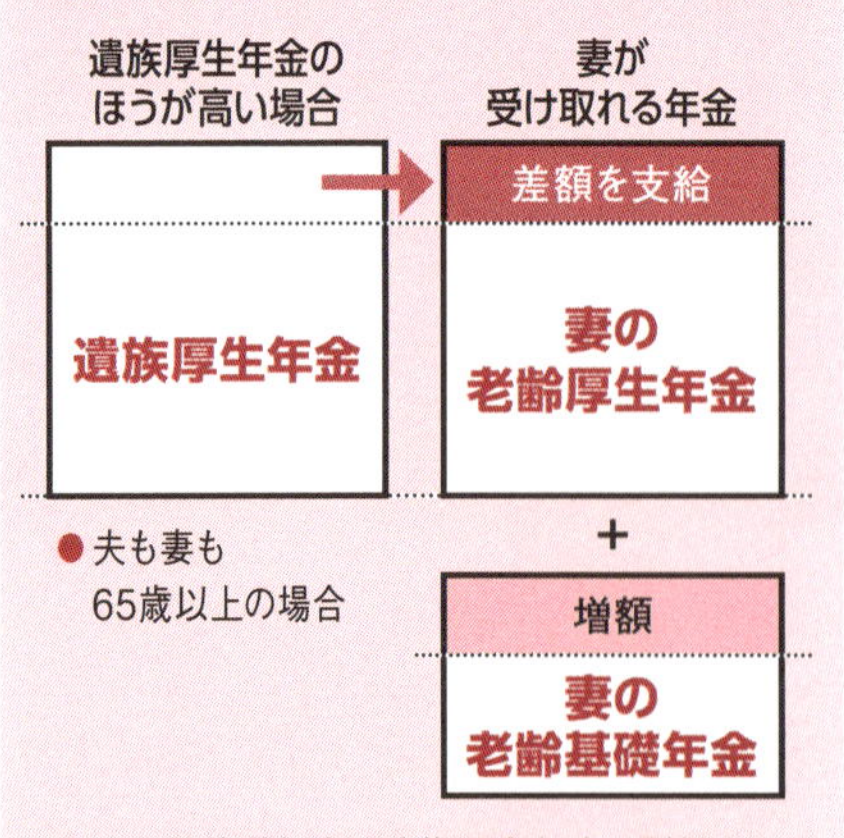

*夫の老齢基礎年金は遺族厚生年金に影響しない
*妻が66歳になる前に遺族厚生年金の受給権が発生したときは、老齢基礎年金の繰下げ請求もできない。66歳以降に遺族厚生年金の受給権が発生したときは、その時点で老齢基礎年金の増額率が固定され、年金の請求を遅らせてもそれ以上増えない

Q71 繰下げ受給を行うには、どんな手続きが必要ですか？

A 65歳時に届くハガキの請求書を返送せず年金が必要になった時点（66～75歳）で請求を。

65歳になる前に支給される「特別支給の老齢厚生年金（特老厚）」を受け取っている人が老齢基礎年金と老齢厚生年金の両方を繰り下げる場合には、65歳時に届くハガキの年金請求書の返送は不要です。66～75歳のうち繰下げ受給を希望するときに、「老齢基礎・厚生年金裁定請求書／支給繰下げ請求書」と必要書類を準備し、最寄りの年金事務所または街角の年金相談センターで繰下げ受給の手続きを行います。

老齢基礎年金と老齢厚生年金は、同時に受け取ることも、別々に受け取ることもできます。受取方法は、繰下げ請求書にある老齢基礎年金と老齢厚生年金の欄のア～ウの中から、それぞれ1つを選んで○をつけます。

Q72 亡くなった夫の「もらい忘れ年金」を見つけると妻がもらえるとは本当ですか？

A Q66の未支給年金だけでなく、未請求や記録もれの年金があれば妻など遺族がもらえる。

夫の死亡時に「もらい忘れ」や「未請求」となっていた年金は、妻などの遺族がそれらを「未支給年金」として請求すれば、受け取ることができます（時効分を除く）。

具体的には、次のような年金が対象になります。

❶**未支給年金**……生前に受給する権利が発生したもので、死亡によりまだ支給されていない年金（Q66参照）

❷**未請求年金**……亡くなった人が、なんらかの原因で本来受け取るべき年金をまだ請求していなかった年金

❸**記録もれ年金**……いわゆる「消えた年金」のことで、国の年金記録管理の不備などにより、亡くなった人の年金加入歴などの記録がもれていたり誤っていたりして未支給となっている年金（時効なし）

Q73 年金には「時効」がありますが、もらい忘れ年金の時効は何年間ですか？

A もらい忘れ年金の種類で違う。未請求の年金は5年間、記録もれの年金なら時効なし。

年金の支給を受ける受給権は、これが発生してから5年間を経過すると時効により消滅します。**受給権が発生しても、実際には本人の年金制度の理解不足などで未請求となっている年金があり、これを「未請求年金」（もらい忘れ年金の一種）といいます。未請求年金は本人が死亡すると遺族からの請求によって支給されますが、5年より前の支給分は時効により受け取れません。**

一方、国の年金記録管理の不備などで年金記録からも**れている「記録もれ年金」には時効がありません。**2007年施行の年金時効特例法に基づき、年金記録の訂正がなされたうえで裁定された年金は、5年間で時効消滅する部分についても支給されます（時効特例給付）。

Q74 夫のもらい忘れ年金の有無を確認するためのチェック表はありますか？

A もらい忘れ年金のケースはさまざま。夫の年金加入歴などをチェック表で調べよう。

もらい忘れ年金（未請求年金、記録もれ年金など）のケースは実にさまざまです。例えば、夫が繰下げ受給をしようとして年金の請求を行わないまま死亡したり、65歳になる前に支給される「特別支給の老齢厚生年金（特老厚）」を請求していなかったりします。

厚生年金基金を請求していないケースも数多くあります。転職などで短期加入（10年未満）なら各基金は企業年金連合会に移管されているので、夫が加入していたかどうか不明でも念のため、同連合会に問い合わせてみましょう（電話：0570－02－2666）。

以上のような年金を「未請求年金」（もらい忘れ年金の一種）といい、本人の死亡後でも妻などの遺族が受け取

ることができます。ただし、5年より前の支給分は時効により消滅します。

記録もれが見つかると年金額は大幅アップ

一方、国の年金記録管理の不備などで年金記録そのものがもれている「記録もれ年金」には時効がありません。記録もれ年金が見つかった場合、夫の年金の全額を妻などの遺族が一時金でもらえます。

しかも、記録もれが原因で夫の厚生年金が増えると、妻が受給する遺族厚生年金も増えて、受給額が大幅にアップする可能性があります。例えば、夫の厚生年金が年額120万円（遺族厚生年金90万円）で、5年間の勤務先の記録が見つかって年額10万円（遺族厚生年金7万5000円）増えたとします。そして支給開始から15年後の死亡であれば、妻は一時金150万円をもらえるうえに、遺族厚生年金も年額97万5000円に増えてこれを生涯受給できます。

ちなみに、男性の未請求や記録もれが多く発生する主なパターンは、下のチェック表のとおりです。ぜひ、該当するものがないか確認してみてください。

夫の死亡時における未請求や記録もれ年金のチェック表

	チェック項目	未請求の内容	区分（時効）
□	❶繰下げ請求前に死亡	65歳からの支給分（増額なしの本来額）	未請求年金（5年）
□	❷65歳前に支給される特老厚	繰下げ受給による増額が可能と誤解するなどして未請求	未請求年金（5年）
□	❸厚生年金基金などの企業年金の請求	特に、転職で企業年金連合会に年金が移っている人（加入10年未満）	未請求年金（5年）
□	❹転職が多い※	短期間（5年未満）の勤務先の記録が抜けている	記録もれ年金（なし）
□	❺年金手帳が複数ある※	前後の年金手帳の期間に記録が抜けている	記録もれ年金（なし）
□	❻名前に複数の読み方がある※	転職などの手続きのときに異なる読み方で別人として記録されている	記録もれ年金（なし）
□	❼婿養子で姓が変わった※	結婚前と後で別人として記録されている	記録もれ年金（なし）

※年金時効特例法（2007年7月6日施行）により、❹❺❻❼などの年金記録の訂正がなされたうえで裁定された年金については、5年間で時効消滅する部分についても、年金の増額分を含め時効特例給付として給付される

出典：日本年金機構「あなたの気になる年金記録もう一度、ご確認を」のチラシを基に作成

Q75 夫が亡くなると、妻は無条件で「遺族年金」を受給できますか?

A 遺族年金には遺族基礎年金と遺族厚生年金があり前者を受給できるのは子のある妻のみ。

遺族年金(遺族基礎年金・遺族厚生年金)には、❶遺族年金を受け取る遺族の要件、❷死亡した人の年金加入歴の要件があり、❶と❷の両方を満たした場合に遺族年金が支給されます。

❶遺族年金を受け取る遺族の要件

遺族基礎年金を受け取れるのは、子供のいる妻、または子供です。一方、遺族厚生年金の場合は広い範囲の遺族が対象で、死亡日において死亡した人によって生計を維持されていた遺族のうち、最も優先順位の高い人が受け取れます(下の図参照)。とはいえ通常、妻は最優先で遺族厚生年金を受け取ることができます。

このように遺族基礎年金と遺族厚生年金では、遺族年金を受け取る遺族の対象者が異なります。

❷死亡した人の年金加入歴の要件

死亡した人が年金受給者であれば、25年以上の受給資格期間(保険料納付済期間・保険料免除期間・合算対象期間の合計)を満たすことが必要です。厚生年金に加入中の死亡なら受給資格期間は問われませんが、保険料の未納があると受給できなくなる可能性があります。

遺族年金の対象者

遺族基礎年金の対象者

Ⓐ **子供**※1 **のいる妻または夫**
Ⓑ **子供**※1　＊ⒶかⒷのどちらかが受給
※1. 子供の条件は、18歳到達年度の3月31日までの子供(未婚)か、1級または2級の障害を持つ20歳未満の子供(未婚)

遺族厚生年金の対象者

❶ **子供のいる妻または夫**※2
❷ **子供**※2　＊上の遺族基礎年金の子供と同じ条件
❸ **子供のいない妻または子供のいない55歳以上の夫**※2
❹ **55歳以上の父母**
❺ **孫**　＊子供と同条件
❻ **55歳以上の祖父母**
※2. ❶～❸は同順位。❶～❸のいずれかが受給すると、❹以下に受給権は発生しない

＊遺族年金を受け取ることができる遺族は、死亡当時、死亡した人によって生計を維持されており、最も優先順位の高い人
＊生計維持の条件は、同居していて(または別居でも仕送りを受けている、健康保険の被扶養者などは可)、原則年収850万円未満

Q76 妻に支給される「遺族基礎年金」と「遺族厚生年金」の受給額はいくらですか？

A 遺族基礎年金の受給額は一律だが遺族厚生年金の受給額は夫の所得などによって異なる。

妻に支給される「遺族基礎年金」と「遺族厚生年金」は、それぞれ年金額が違います。**遺族基礎年金の年金額は68歳以下の妻が年額81万6000円、69歳以上の妻が年額81万3700円で**（2024年度価額）、**子供の数に応じた加算もあります。**ただし、子供（要件はQ75参照）がいる妻でないと遺族基礎年金は受給できません。

遺族厚生年金の年金額は、夫の老齢厚生年金の3／4です。計算式は下の図を参照してください。なお、計算式には図に示した「本来水準」のほかに「従前額保障」があり、実際には、2つの計算式で算出した年金額を比較して多いほうの年金額が支給されます。さらに、夫を亡くした40歳以上の妻は、一定の要件を満たせば中高齢寡婦加算（約61万円）を65歳まで受給できます。

このように遺族厚生年金は平均月収と加入期間で決まるため、若くして亡くなると年金額が少なくなってしまいます。そこで加入期間25年未満の人が亡くなったときは、原則25年加入したものとして計算されます。

遺族年金の計算式

遺族基礎年金の計算式（年額は一律の額となる）

【年額81万6,000円 ＋ 子の加算】

＊1956年４月１日以前生まれの女性の年金額＝年額81万3,700円
＊１人め・２人めの子の加算額＝各23万4,800円
３人め以降の子の加算額＝各７万8,300円

遺族厚生年金の計算式（本来水準の場合の計算式、年額）

**【夫の老齢厚生年金（報酬比例部分）の3／4
＝（Ⓐ＋Ⓑ）×3／4】**

Ⓐ **平均標準報酬月額**※1 **×7.125/1000×2003年３月までの加入月数**※3
Ⓑ **平均標準報酬額**※2 **×5.481/1000×2003年４月以降の加入月数**※3

※1. 給与のみのほぼ平均月収
※2. 給与に賞与を加えたほぼ平均月収
※3. 厚生年金加入中の死亡など一定の場合、厚生年金の被保険者期間が300ヵ月（25年）未満の場合は、300ヵ月で計算する

＊厚生年金に加入中や厚生年金の加入期間が20年以上の夫が亡くなった場合で夫の死亡時や老齢基礎年金の失権時に妻の年齢が40歳以上の場合、65歳になるまで、遺族厚生年金に**中高齢寡婦加算**61万2,000円（2024年度価額）が加算される

Q77 65歳以上で厚生年金を受給中の妻は、遺族厚生年金を併せて受給できますか？

A 「遺族厚生年金」と「遺族厚生年金×2／3＋妻の厚生年金×1／2」で多いほうを受給。

妻は、夫が亡くなったときに64歳以下なら「遺族厚生年金」と妻本人の「特別支給の老齢厚生年金（特老厚）」のどちらか1つが支給されます。

一方、妻が65歳以上であれば、❶遺族厚生年金、❷妻の老齢厚生年金、❸遺族厚生年金の2／3と妻の老齢厚生年金の1／2の合計額のうち、最も多い年金額が支給されます。

遺族厚生年金と妻の老齢厚生年金は、妻の老齢厚生年金が優先支給となっています。❶または❸が妻の老齢厚生年金よりも多いときは、その差額だけが遺族厚生年金として支給されます（下の図参照）。

妻の老齢厚生年金に厚生年金基金の上乗せがあると、この基金の分も含めて調整されます。また、65歳以降もこの会社で働いていて在職老齢年金の減額がある場合、この減額分も含めて調整されるので注意が必要です。

65歳以上の妻の老齢厚生年金と遺族厚生年金の調整

❶老齢厚生年金と遺族厚生年金の受給権のある妻は、下記1～3の3つの年金を比較して「一番多い額」を算出する

❷2007年4月以降は、妻の老齢厚生年金が全額優先して支給される

❸「一番多い額」から妻の老齢厚生年金が差し引かれて、その差額が遺族厚生年金の額になる（2007年4月以降）

❹妻の老齢厚生年金が一番多いときは、遺族厚生年金は全額支給停止となる

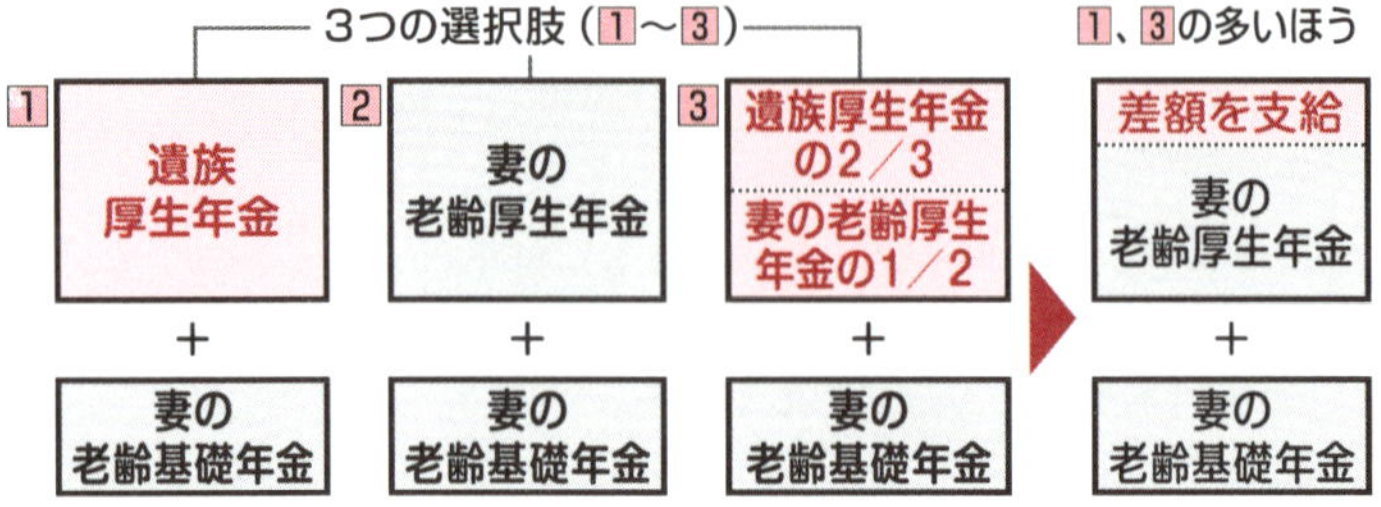

第7章

もしものとき安心！ひとり老後の「医療」「介護」についての疑問14

▶Q78～91◀

回答者

社会保険労務士法人FOUR HEARTS代表社員
特定社会保険労務士
旭《あさひ》 邦篤《くにあつ》

医療・介護の保険料負担は重くひとり老後に介護サービスなどを役立てるのは当然の権利

保険料の支払いも大変だ
退職すると保険料の会社負担がなくなって負担が2倍になるからね
そのうえ健康保険の被扶養者の奥さんが65歳になると介護保険料を夫婦で別々に払わねばならん
退職後は健保組合の特例退職被保険者になっておる
何それ?
?
一部の健保組合にある特別の制度で 退職後2年間の任意継続の後も65歳から75歳になるまで加入でき 加入中は妻を被扶養者にできる!
75
65
75歳以降は医療も介護も保険料を夫婦別々に払うことになる
じゃあ2倍も負担することに…
お母さんは無収入だから保険料はお父さんの半分もないさ
まあ 仕事を辞めればオレの保険料もグンと安くなる! 母さんが要介護になるとオレが介護するしかないからな
やれやれ
じゃが老老介護はいつまでも続けられない
そのときは介護サービスを大いに利用すべきじゃ
介護サービスには訪問型・通所型・訪問＋通所の複合型があり介護や看護食事指導リハビリなどさまざまな手助けをしてくれる
介護サービスを利用することは被保険者の当然の権利じゃ
プロの介護だと安心だわ
ウフ
どうせ素人ですよ

Q78 公的医療保険の「高額療養費制度」で、払った医療費が戻るとは本当ですか？

A 支払った医療費が定められた自己負担限度額を超えた場合、超過分が払い戻される。

病気やケガで長く通院したり入院したりして、医療機関の窓口での支払いが高額となったときに利用したいのが**「高額療養費制度」**です。**この制度を使うと、年齢や所得に応じて定められている1ヵ月間（月初から月末まで）の自己負担限度額を超えて支払った分が払い戻されます。**ただし、自由診療（保険適用外診療）や差額ベッド代、入院時の食事負担額などは対象外です。

制度を利用するには、医療機関の窓口で限度額を超えた金額をいったん支払い、加入している公的医療保険（健康保険組合・協会けんぽ・市区町村国保・後期高齢者医療広域連合など）に申請書などを提出します。その後、一定の審査期間を経てから払い戻されます。

入院や手術などで医療費が高額になることがあらかじめわかっている場合には、「限度額適用認定証」を準備するといいでしょう。これを医療機関の窓口に提示すると、最初から自己負担限度額を支払うだけですみます。

なお、オンライン資格確認を導入している医療機関では、窓口でマイナ保険証を提示すると、限度額適用認定証がなくても自己負担限度額までの支払いとなります。ただし、これを導入していない医療機関の場合やマイナ保険証のない人は、保険証（または資格確認書など）と限度額適用認定証を窓口に提出する必要があります。

高額療養費制度の仕組み

■高額療養費の計算例

例：70歳以上・年収370万～770万円
医療費100万円、
窓口負担30万円の場合

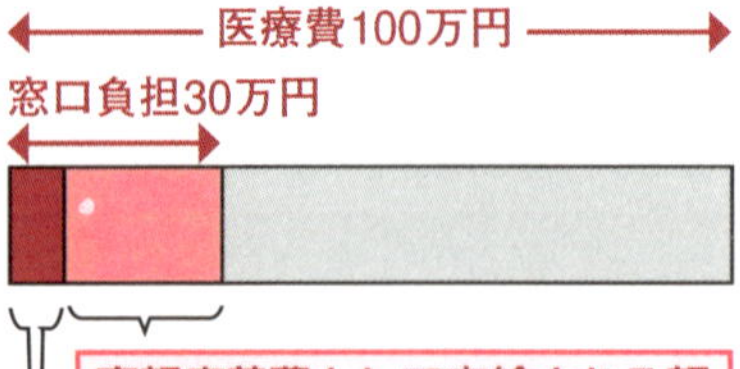

高額療養費として支給される額
30万円－8万7,430円＝
21万2,570円
（後から戻ってくる額）

自己負担限度額
＝8万100円＋（100万円－26万7,000円）×1％＝8万7,430円

Q79 高額療養費制度で払戻しの基準となる「自己負担限度額」はいくらですか？

A 所得や年齢で異なる。年収約370万円未満なら自己負担限度額は5万7600円。

高額療養費の**自己負担限度額**は、年齢や所得に応じて区分されています。この限度額を超えて医療費を支払った場合、超えた額が戻ります。

例えば、70歳以上で課税所得合計145万～380万円（年収約370万～約770万円）の人（3割負担）の医療費が1ヵ月間に100万円かかった場合、自己負担限度額は8万7430円となります。

高額療養費制度の自己負担限度額

◉ 70歳未満

所得区分	1ヵ月間の自己負担限度額（世帯ごと）
年収約1,160万円以上 健保：標準報酬月額83万円以上 国保：年間所得901万円超	25万2,600円 ＋（総医療費 − 84万2,000円）× 1%
年収約770万～約1,160万円 健保：標準報酬月額53万～79万円 国保：年間所得600万～901万円	16万7,400円 ＋（総医療費 − 55万8,000円）× 1%
年収約370万～約770万円 健保：標準報酬月額28万～50万円 国保：年間所得210万～600万円	8万100円 ＋（総医療費 − 26万7,000円）× 1%
年収約370万円未満 健保：標準報酬月額26万円以下 国保：年間所得210万円以下	5万7,600円
住民税非課税者（低所得者）	3万5,400円

◉ 70歳以上

適用区分		外来（個人ごと）	1ヵ月間の自己負担限度額（世帯ごと）
現役並み	年収約1,160万円以上	25万2,600円 ＋（医療費 − 84万2,000円）×1%	
現役並み	年収約770万～約1,160万円	16万7,400円 ＋（医療費 − 55万8,000円）×1%	
現役並み	年収約370万円～約770万円	8万100円 ＋（医療費 − 26万7,000円）×1%	
一般	年収約370万円未満	1万8,000円（年14.4万円）	5万7,600円
住民税非課税等	Ⅱ 住民税非課税世帯	8,000円	2万4,600円
住民税非課税等	Ⅰ 住民税非課税世帯	8,000円	1万5,000円

出典：厚生労働省ホームページより。一部改変

Q80 高額療養費を数回受けると、自己負担限度額がさらに下がるとは本当ですか？

A 1年間に4回以上受けると「多数該当」となり、払い戻される医療費がさらに増える。

高額療養費制度には、入院などで直近12カ月間に高額療養費の支給が3回以上あった場合に、4回め以降については自己負担限度額が軽減される「多数該当」という制度があります。この制度の自己負担限度額は年齢や所得によって異なります（下の図参照）。

多数該当の制度は、同じ公的医療保険（健康保険組合・協会けんぽ・市区町村国保など）において被保険者が医療機関を受診した場合に限って適用されます。そのため、例えば、退職により協会けんぽから国民健康保険に変更になったというようなケースでは、多数該当の月数は引き継がれません（ただし、退職後も健康保険を任意継続している場合には引き継がれる）。

また、75歳以上になると後期高齢者医療制度の被保険者になり、75歳になった時点でそれまでの多数該当の回数がリセットされることにも注意が必要です。

「多数該当」の自己負担限度額

■ 70歳未満

	自己負担限度額
年収約1,160万円以上（標準報酬月額83万円以上）	14万100円
年収約770万～約1,160万円（標準報酬月額53万～79万円）	9万3,000円
年収約370万～約770万円（標準報酬月額28万～50万円）	4万4,400円
年収約370万円未満（標準報酬月額26万円以下）	
市区町村民税非課税者等	2万4,600円

■ 70歳以上※

	自己負担限度額
現役並み所得者Ⅲ（標準報酬月額83万円以上）	14万100円
現役並み所得者Ⅱ（標準報酬月額53万～79万円）	9万3,000円
現役並み所得者Ⅰ（標準報酬月額28万～50万円）	4万4,400円
一般（標準報酬月額26万円以下）	

※75歳からは後期高齢者医療制度の対象となり、それまでの多数該当の月数はリセットされる

出典：厚生労働省ホームページより。一部改変

Q81 多額の介護サービス費を払ったとき、費用を支援してくれる制度はありますか？

A 高額介護サービス費制度があり、払った介護費が一定額を超えると超過分が戻る。

介護サービスを利用するさいは、1～3割の自己負担が必要です。**「高額介護サービス費制度」は、1ヵ月間の自己負担額の合計が一定の自己負担上限額を超えた場合に、超過分の金額が払い戻される制度です。自己負担上限額は所得によって異なります（下の図参照）。**

高額介護サービス費に該当した人には、自治体から「高額介護サービス費支給申請書」が送られてくるので、必要事項を記入して自治体に申請してください。送付されるまでの期間は自治体によって異なり、数ヵ月かかることもあります。原則として2回め以降は申請が不要となり、初回に申請した振込口座に超過分の金額が自動的に振り込まれます（自動償還）。

なお、介護保険の対象外となる介護施設での食費や日常生活費などについては、高額介護サービス費でも対象になりません。事前に確認しておきましょう。

高額介護サービス費の自己負担上限額

● 所得別の自己負担上限額（世帯単位）

設定区分	対象者	自己負担上限額（月額）
第1段階	生活保護を受給している人など	1万5,000円（個人）
第2段階	市区町村民税世帯非課税で公的年金等収入金額＋その他の合計所得金額の合計が80万円以下の人	2万4,600円（世帯） 1万5,000円（個人）
第3段階	市区町村民税世帯非課税で第1段階および第2段階に該当しない人	2万4,600円（世帯）
第4段階	❶市区町村民税課税世帯～課税所得380万円（年収約770万円）未満 ❷課税所得380万円（年収約770万円）～690万円（年収約1,160万円）未満 ❸課税所得690万円（年収約1,160万円）以上	❶4万4,400円（世帯） ❷9万3,000円（世帯） ❸14万100円（世帯）

出典：厚生労働省ホームページより。一部改変

Q82 医療費と介護サービス費の両方の支援「高額医療・高額介護合算療養費制度」とはなんですか？

A 医療費と介護サービス費が一定額を超えると超過分が払い戻される。超過したら請求を。

毎年8月1日から翌年7月31日までの1年間にかかった医療費と介護サービス費の自己負担額の合計（高額療養費と高額介護サービス費の支給を受けた場合はその額を除く）が、一定の自己負担上限額を超えた場合、この上限額を超えた分の金額が払い戻される制度が「高額医療・高額介護合算療養費制度」です。自己負担上限額は、年齢や年収によって異なります（下の図参照）。

国民健康保険や後期高齢者医療制度の被保険者（加入者）は、この制度の要件に該当すると広域連合や市区町村から申請書が送付されるので、記入して提出します。

被用者保険（協会けんぽ・健康保険組合など）の被保険者は、自分で市区町村に「自己負担額証明書」の交付を申請し、この証明書を被用者保険に提出しなければなりません。その後、被用者保険が市区町村に支給額を連絡した後に、上限額を超えた分の金額が払い戻されます。

高額医療高額介護合算療養費制度の自己負担上限額

◉自己負担上限額（世帯単位）

所得区分		自己負担上限額 75歳以上 介護保険＋後期高齢者医療	自己負担上限額 70〜74歳 介護保険＋被用者保険または国民健康保険	自己負担上限額 70歳未満 介護保険＋被用者保険または国民健康保険
年収約1,160万円以上		212万円		
年収約770万〜約1,160万円		141万円		
年収約370万〜約770万円		67万円		
年収約370万円未満		56万円		60万円
市区町村民税非課税世帯など		31万円		34万円
市区町村民税非課税世帯かつ年金収入80万円以下など	本人のみ	19万円		
	介護利用者が複数	31万円		

出典：厚生労働省ホームページより。一部改変

Q83 高額医療・高額介護合算療養費制度で医療や介護の費用はいくら減るのですか？

A 支払った医療費や介護費などで大きく違う。計算が複雑なので、下の図の事例を参考に。

「高額医療・高額介護合算療養費制度」の自己負担上限額は、年齢や所得などによって細かく設定されています（Q82参照）。また、制度の利用には要件があり、同一世帯であること、医療保険と介護保険の両方を1年間で利用していること、自己負担上限額を超えた額が501円以上であることなどがあります。

これらの要件を満たした場合、医療費と介護サービス費を自己負担した金額の比率に応じて払い戻されます（下の計算例参照）。つまり、介護保険で上限額を超えた分の支給は「高額医療合算介護サービス費」、医療保険で限度額を超えた分の支給は「高額介護合算療養費」として、それぞれ振り込まれます。

ただし、医療保険の高額療養費、介護保険の高額介護サービス費で還付された金額があれば、かかった費用から差し引いて計算します。

高額医療・高額介護合算療養費の計算例

◉計算例1：70歳未満（年収約370万円未満の世帯の場合）※

夫（67歳）の年間の自己負担額
医療費：31万円　介護費：8万円

妻（66歳）の年間の自己負担額
医療費：28万円　介護費：25万円

世帯の年間負担額＝92万円
（医療費59万円＋介護費33万円）

▶ 自己負担の上限額は60万円なので、「92万円－60万円」＝**32万円が支給**される

◉計算例2：70歳以上（年収約370万円未満の世帯の場合）※

夫（74歳）の年間の自己負担額
医療費：35万円　介護費：15万円

妻（71歳）の年間の自己負担額
医療費：22万円　介護費：23万円

世帯の年間負担額＝95万円
（医療費57万円＋介護費38万円）

▶ 自己負担の上限額は56万円なので、「95万円－56万円」＝**39万円が支給**される

※ Q82 参照

Q84 公的医療保険が使えない「保険適用外診療」には、どんなものがありますか？

A 先進医療、予防接種、健康診断、美容整形、歯科のインプラント、矯正治療など。

病院などで診療を受ける場合は、加入している公的医療保険（国保や被用者保険など）を使い、自己負担割合に応じた医療費を支払います。しかし、中には全額自己負担となる「保険適用外診療」もあります。

例えば、入院時の雑費や差額ベッド代などは保険が適用されません。高度先進医療や歯科のインプラント、レーシックによる視力矯正手術、美容整形、予防接種、健康診断の費用も同様です。ただし、精密検査や再検査が必要になった場合の検査費用は保険が適用されます（下の図参照）。なお、業務上の病気やケガ、通勤途中の事故によるケガの治療費などについては、労災保険で補償されることになります。

1つの病気やケガで保険適用外診療を受けた場合には、保険が適用される診療も含めて医療費全額が自己負担となるので注意が必要です（混合診療禁止の原則）。

ただし、保険適用外診療を受ける場合でも、厚生労働大臣の定める「評価療養」「選定療養」「患者申出療養」については保険診療との併用が認められています。病院から保険が適用されない費用や併用可能な費用についての説明があったさいには、しっかり確認しましょう。

健康保険が適用されない例

- 差額ベッド代
- 入院に必要な日用品代や入院時の雑費
- 家族の見舞いにかかる交通費
- 高度先進医療費
- 歯科のインプラント・矯正治療の費用
- レーシックによる視力矯正手術、美容整形手術などの保険適用外の治療費・手術代
- 予防接種、健康診断、人間ドックの費用
- 正常な出産の費用
- 業務上の病気やケガの治療費（労災保険で補償）
- 通勤途上の事故でのケガの治療費（労災保険で補償）
- 日常生活や疲労による肩こり・腰痛などの整骨院、針きゅう、マッサージなどの施術費用
- そのほか、医師が治療を必要と認めないものの費用　……など

Q85 ひとり老後で年金暮らしの場合、介護保険の「自己負担割合」は1割ですか?

A 年金収入のみなら、ほとんどの人は1割負担。収入の多い人は2割または3割負担に。

介護保険の介護サービスを利用するさいには、所得に応じてサービス利用料の1～3割を自己負担します。例えば、65歳以上で年金収入とその他の所得金額の合計が280万円未満の人の場合、自己負担は1割です。**収入が年金のみなら、自己負担は1割ですみます。しかし、収入が多くなるほど自己負担の割合は高くなり、収入が280万円以上340万円未満では2割負担、収入が340万円以上では3割負担となります（下の図参照）。**

なお、介護保険では介護の必要性に応じて要支援1・2、要介護1～5の7つの区分があり、この区分に従って1ヵ月当たりの支給限度額が定められています。支給限度額を超えた部分は全額自己負担となります。

ただし、1ヵ月間の自己負担額の合計が高額になり、一定額を超えた場合には「高額介護サービス費制度」を利用することができます（Q81参照）。

介護保険の自己負担割合（65歳以上）

本人の合計所得	年金収入＋その他の合計所得金額	負担割合
220万円以上	単身世帯：340万円以上 複数世帯：463万円以上	3割
	単身世帯：280万円以上 340万円未満 複数世帯：346万円以上 463万円未満	2割
	単身世帯：280万円未満 複数世帯：346万円未満	1割
160万円以上 220万円未満	単身世帯：280万円以上 複数世帯：346万円以上	2割
	単身世帯：280万円未満 複数世帯：346万円未満	1割
160万円未満		1割

＊40～64歳、生活保護受給者、市民税非課税者は1割負担

出典：厚生労働省ホームページより。一部改変

Q86 介護保険を使うと、どんな「介護サービス」が受けられますか？

A 介護のニーズに応じて、居宅サービス、施設サービス、地域密着型サービスなどがある。

要介護認定を受けた人が利用できる「介護サービス」を大きく分けると、「居宅サービス」「施設サービス」「地域密着型サービス」の３つがあります。

居宅サービスには、ホームヘルパーが自宅を訪問して身体介護（入浴・排泄《はいせつ》介助など）や生活援助（調理・洗濯・掃除・買い物など）を行う「**訪問介護**」、看護師などによる療養上の世話や診療の補助を自宅で受ける「**訪問看護**」、デイサービスセンターなどに通って入浴支援や機能訓練などを受ける「**通所介護**（デイサービス）」、特別養護老人ホームなどに短期間入所して介護・看護や機能訓練などを受ける「**短期入所生活介護**（ショートステイ）」があります。

車イスなどの「福祉用具貸与」や、手すりの取付けや段差の解消などの「住宅改修費の給付（上限あり）」を受けることもできます。

公的介護保険のサービスの例

要介護1～5	介護給付	居宅サービス	・訪問介護・訪問看護 ・通所介護・短期入所　など
		施設サービス	・特別養護老人ホーム ・介護老人保健施設 ・介護医療院
		地域密着型サービス	・定期巡回・随時対応型訪問介護看護 ・小規模多機能型居宅介護 ・夜間対応型訪問介護 ・認知症対応型共同生活介護　など
要支援1・2	予防給付	介護予防サービス	・介護予防訪問看護 ・介護予防通所リハビリ ・介護予防居宅療養管理指導　など
		地域密着型介護予防サービス	・介護予防小規模多機能型居宅介護 ・介護予防認知症対応型通所介護　など

出典：厚生労働省ホームページより。一部改変

さまざまな介護サービスが利用できる

施設サービスには、日常的な生活介護が中心の「介護老人福祉施設（特別養護老人ホーム）」、介護やリハビリが中心の「介護老人保健施設」、長期的な医療と介護の複合ニーズに対応する「介護医療院」があります。特別養護老人ホームへの新規入所については、原則として要介護３以上の認定が必要です。

地域密着型サービスは、要介護状態になっても住み慣れた地域で快適に暮らすために、地域の特性に応じた柔軟な体制で在宅生活を支援するサービスです。24時間対応を必要とする人のための「定期巡回・随時対応型訪問介護看護」、通所・訪問・宿泊などを組み合わせた「小規模多機能型居宅介護」、認知症の人たちが少人数で共同生活をする中で必要なケアを提供する「認知症対応型共同生活介護（グループホーム）」などがあります。

利用できる介護サービスは、要支援・要介護の度合いや住まいの状況などによって変わります。介護事業者のケアマネジャーに希望を伝え、適切なサービス計画（ケアプラン）を作成してもらいましょう。

Q87 ひとり老後で要介護になったとき、ぜひ利用したい介護サービスはなんですか？

A 介護認定の度合いで異なる。自宅介護ならホームヘルパーによる訪問介護がおすすめ。

生活面で不自由を感じるようになったら、まずは「居宅サービス」の利用を考えてみてはいかがでしょうか。

居宅サービスには、ホームヘルパーが自宅を訪問して入浴や排泄《はいせつ》などをサポートしてくれたり、簡単な調理・洗濯、掃除、生活必需品の買い物などを行ってくれる「訪問介護」があり、日常生活の不便や面倒なことを助けてくれます。また、主治医の指示により看護師などが療養上の世話や診療補助を行う「訪問看護」、理学療法士や作業療法士などが心身機能を維持回復させるためのリハビリを行う「訪問リハビリ」もあります。

ひとり老後に不安や不便を感じたら、地域包括支援センター（Q16～21参照）などに相談しましょう。

Q88 ホームヘルパーの「訪問介護サービス」では、どんな支援をしてもらえますか？

A 食事や排泄の介助など幅広く支援してくれる。ただし、支援の対象は要介護の人のみ。

「訪問介護サービス」には、主に「生活援助」と「身体介護」があります。

生活援助は、調理や洗濯、掃除、買い物など、利用者の日常生活を支援してくれるサービスです。ただし、同居家族がいる場合は、原則として利用できません（同居家族が障害や疾病《しっぺい》などの理由で家事を行うことが困難など個別の状況を踏まえて利用できる場合もある）。

身体介護は、食事や入浴、排泄《はいせつ》、着替えの介助、体位変換など、ホームヘルパーが利用者の体に直接接触して行われるサービスです。身体介護は同居家族がいても利用することができますが、支援の対象は要介護認定を受けた本人のみに限られています。

Q89 介護保険が使えない「介護保険外サービス」には、どんなものがありますか？

A 配食サービス、ペットの世話、話し相手、家具の移動、大掃除、電球の交換、草むしりなど

介護保険サービスには、サービスの種類や利用条件に制限があります。そこで、介護保険では提供できない部分をカバーするのが「介護保険外サービス」です。自治体や社会福祉協議会、シルバー人材センター、民間企業などがサービスを提供しています。介護認定の有無に関係なく利用できます。

サービスの内容は、配食サービス、家族分の洗濯・調理・買い物・布団干し、草むしり、花木の水やり、散歩や趣味のための外出などです。犬の散歩などペットの世話、窓ガラス磨き、年末の大掃除なども依頼できます。

利用料金は全額自己負担ですが、自治体やサービスの種類によっては無料・安価な場合もあります。

Q90 介護サービスを受けるために必要な「要介護認定」の申請窓口はどこですか？

A 市区町村の窓口などで申請を行う。要介護度が決まると介護サービスを受けられる。

介護保険の介護サービスを利用するには、要介護または要支援の度合いを認定する「要介護認定」を受ける必要があります。

市区町村役場の窓口や地域包括支援センターに「介護保険要介護・要支援認定申請書」を提出すると、自治体の担当者による聞取り調査が行われ、主治医による意見書も加えて、コンピューターによる一次判定が行われます。その後、介護認定審査会による二次判定が行われ、要介護や要支援の度合いが判定されます。要介護認定の申請から介護サービスが利用できるまでには1ヵ月程度かかるので、介護サービスが必要と感じたら、早めに市区町村役場などの窓口で相談しましょう。

Q91 認定された要介護度ごとに「支給限度額」や「自己負担額」はどう違いますか？

A 支給限度額は約5万〜36万円。自己負担額は1割負担なら約5000〜3万6000円。

介護保険では、介護サービスを利用した場合、介護事業者に支払う費用（自己負担費用）は、所得に応じて1〜3割と定められています（Q85参照）。

また、**介護保険では、要支援・要介護の区分や利用する介護サービスの種類によって支給限度額が設けられています。1ヵ月の支給限度額は、要介護認定の区分（要支援1・2、要介護1〜5）によって異なり、約5万円から約36万円まで段階的に増えていきます。**例を挙げると、自己負担割合が1割の人なら、自己負担額は5000円〜3万6000円程度となります。

また、1ヵ月に支給限度額を超えて介護サービスを利用した場合には、超えた分の費用は全額自己負担となるので、注意が必要です。

例えば、要介護1で自己負担割合1割の人の場合、1ヵ月に16万7650円までは1割負担（1万6765円）で利用できますが、16万7650円を超えると、その超過分は全額自己負担となります。

自己負担額が高額になった場合の制度

1ヵ月の自己負担額の合計が高額になった場合は「高額介護サービス費制度」が適用され、上限額を超えた分の金額は後日払い戻されます（Q81参照）。

また、医療保険と介護保険を利用し、年間を通して医療費と介護サービス利用料の両方が高額になると「高額医療・高額介護合算療養費制度」が利用できる場合もあります（Q82参照）。この合算制度では、1年間（8月1日～翌年7月31日）にかかった医療費と介護サービス利用料の自己負担額の合計が、年間の自己負担上限額を超えるなど一定の要件を満たすと、上限額を超えた分の金額が払戻しされます。ただし、高額療養費（Q78参照）と高額介護サービス費で還付された金額があれば、その分は差し引いて計算されます。

公的介護保険の支給限度額と自己負担割合

区分	支給限度額（1ヵ月当たり）	本人の自己負担割合		
		1割	2割	3割
要支援1	5万320円	5,032円	1万64円	1万5,096円
要支援2	10万5,310円	1万531円	2万1,062円	3万1,593円
要介護1	16万7,650円	1万6,765円	3万3,530円	5万295円
要介護2	19万7,050円	1万9,705円	3万9,410円	5万9,115円
要介護3	27万480円	2万7,048円	5万4,096円	8万1,144円
要介護4	30万9,380円	3万938円	6万1,876円	9万2,814円
要介護5	36万2,170円	3万6,217円	7万2,434円	10万8,651円

出典：厚生労働省ホームページより。一部改変

第8章

不安が解消！
ひとり老後の
「暮らし」「住まい」
についての疑問17

▶Q92～108◀

回答者

山本宏税理士事務所所長 税理士 CFP
山本《やまもと》 宏《ひろし》
山本文枝税理士事務所所長 税理士 AFP
山本文枝《やまもとふみえ》

老後はどこで暮らす？介護が必要になっても安心・安全な終の住まい

高齢者向け住宅や介護施設への入居という選択肢《し》もある
お金がかかるでしょ
この家にはお父さんとの思い出がつまってるの
要介護になったらこの家でホームヘルパーに訪問介護してもらうわ
ホームヘルパーは食事や入浴の介助などの身体介護はもちろん掃除や洗濯食事や買い物などの生活支援もしてくれるよね
しかし庭の草むしりや花木の手入れ大掃除家具や電気製品の移動お金の管理などは介護保険外サービスといって自分で行う必要がある
真由美さんもまだまだ元気だし住まいのことはもう少したってから話し合ったほうがいいかものぉ
うん
何かきっかけが必要ね
ボケ症状が始まったとか転んで歩けなくなったとか……
見守りサービスのカメラ設置型で毎日の行動を監視しよう
見守ってますよー
名案じゃのぉ
私のプライベートが……

Q92 ひとり老後の暮らしを支える「代行サービス」では、どんな支援を受けられますか？

A ホームヘルパーによる訪問介護サービスと、それ以外を補う介護保険外サービスがある

年齢を重ねるにつれて家事が面倒になりがちですが、特にひとり老後の人は、すべての家事を自分でやらなければならないので大変です。家事を十分にこなせないと感じたら「代行サービス」を頼るといいでしょう。

代行サービスには、公的介護保険によって提供される「訪問介護サービス」と、それ以外の「介護保険外サービス」があります。

まず、要介護1〜5の認定を受けている65歳以上の人は、訪問介護員（ホームヘルパー）による訪問介護サービスを受けられます。その内容は、食事・入浴・排泄《はいせつ》・着替えなどの介助を受けられる「身体介護」と、掃除・食事の支度・買い物・薬の受取りなどを代行してもらえる「生活援助」です。

ただし、ホームヘルパーは、❶要介護者以外に対してのサービスとなる行為、❷最低限の日常生活を超えてい

代行サービスの主な種類

種類	概要
訪問介護サービス※（生活援助）	訪問介護員（ホームヘルパー）が自宅を訪問し、身体介護、生活援助を行うサービス。対象者は要介護者１〜５の人。
家事代行サービス ◎介護保険外サービス	時間単位で家事を代行するサービス。ホームヘルパーに頼めないことも行ってくれる。１時間数百円で利用可能。
買い物代行サービス ◎介護保険外サービス	ホームヘルパーに頼めない買い物（日常生活で最低限必要な買い物を超えているレベル）を代行するサービス。
片づけ代行サービス ◎介護保険外サービス	部屋の掃除、食器棚、本棚、押し入れ、下足入れの整理、部屋の模様替え、衣服の衣替えなどを代行するサービス。
食事宅配サービス ◎介護保険外サービス	毎日の食事を希望の回数分、自宅に届けてくれるサービス。配達時に安否確認を併せて行う業者もある。
見守りサービス ◎介護保険外サービス	警備会社などによる安否確認サービス。非常時に通報などの対応をしてくれる。自立、要支援１・２でも利用可能。

※ 40〜64歳の人も16種類の特定疾患のいずれかがあると診断された場合は、訪問介護サービスを受けられる

る行為、❸年に数回しか発生しないような行為の3つはできません。具体的には、ペットの世話、要介護者の話し相手、酒・タバコの購入（以上は最低限の日常生活といえない）、家具の移動、大掃除、電球の交換、草むしり（以上は年に数回しか発生しない）などです。

そこで、公的介護保険で提供されない部分を補うのが「介護保険外サービス」です。同サービスには、「家事代行サービス」「買い物代行サービス」「片づけ代行サービス」「食事宅配サービス」「見守りサービス」などがあります（右ページ下の表参照）。

従来、介護保険外サービスは、公的な訪問介護サービスとは別に依頼するのが一般的でした。それが最近では、介護事業者が訪問介護サービスと介護保険外サービスを連続で行う「混合介護」を提供するケースが増えています。この混合介護を利用すると、例えば、最低限の家事を訪問介護サービスで行ってもらった後に、介護保険外サービスを利用してペットの世話、草むしりなどを行ってもらうことができます。

ただし、介護保険外サービスは全額自費となるケースが少なくありません（Q93参照）。

Q93 代行サービスはどこで受けられますか？利用料金はいくらですか？

A 市区町村や民間業者が行っている。市区町村なら無料または低料金で受けられる。

公的介護保険で提供される訪問介護サービスは、居住地の市区町村役場の窓口（福祉課・介護保険担当課など）に申し込むことで受けられます（地域包括支援センターによる申請代行も可能）。自己負担は、サービスにかかった費用の1～3割です（所得によって異なる）。なお、所得の低い人には軽減措置が設けられています。

介護保険外サービスには、市区町村などが実施する無料または低料金で利用できる非営利の支援サービスから、民間企業が行う全額自費の支援サービスまで幅広い種類があります。そのため、申込みの手続きや利用料金はそれぞれ違っています。利用を希望する人は、サービス提供事業者に問い合わせてください。

Q94 ひとり老後になったら安否を通報する「見守りサービス」は受けるべきですか？

A 身寄りのない人はもちろん、別居の家族がいる人も緊急通報してもらえるのでおすすめ。

ひとり老後の最大のリスクは孤独死です。1人暮らしをしている本人はもちろん、別居している家族にとっても孤独死は大きな心配ごとでしょう。

人知れず亡くなり、遺体がそのまま放置される事態をさけるには、定期的な安否確認で病気の予兆を確認し、急病などの緊急時には家族への連絡や119番通報などが速やかに行われる必要があります。

ですから、**ひとり老後の人は「見守りサービス」（Q95参照）の利用が必須と考えたほうがいいでしょう。**見守りサービスの種類は多く事業者もさまざまなので、どう選べばいいか迷ってしまうかもしれません。まずは、地域包括支援センターに相談することをおすすめします。

Q95 見守りサービスにはどんな種類がありますか？利用料金はいくらですか？

A 訪問サービス型、緊急ボタン&センサー型、配食サービス型などあり、料金はさまざま。

ひと言で「見守りサービス」といっても、いくつかの種類があります。安否確認の結果だけを家族に知らせる簡便なサービスもあれば、緊急時に警備員がすぐに駆けつけてくれる手厚いサービスもあり、料金もそれぞれ違います。**左の表に、主な見守りサービスをタイプ別に分類し、特徴をまとめたので参考にしてください。**

簡便な見守りサービスとしておすすめなのは、「オート電話型」や「ガス会社提供型」です。どちらも安否確認の結果が家族などに通知されるだけのサービスですが、利用料金の安さが利点といえます。

一方、緊急時の対応が充実しているのは、警備会社の「緊急ボタン&センサー型」です。警備会社のホームセ

高齢者向けの主な見守りサービス

種類	概要	料金の目安
訪問サービス型	民生委員など自治体のスタッフや郵便局員が定期的に自宅を訪問し、安否を確認してくれるタイプ。訪問の頻度は少ないが、定期的に会いに訪れてもらえるので早期に異変を察知できる。	郵便局の場合は、2,500円（税込・月額）
緊急ボタン＆センサー型※	主に警備会社が提供している見守りサービス。緊急信号を送る緊急ボタンつきの機器を携行したり、家の中に専用センサーを設置したりする。緊急時には、警備員が駆けつけて対処してくれる。	ALSOKの場合は、1,870〜3,067円（税込・月額）
オート電話型	特定の曜日・時間帯にオート電話（自動音声）をかけてきて、体調を確認してくれるサービス。確認内容は、家族などにメールで通知される。携帯電話、固定電話のどちらでも利用ができる。	郵便局の場合は、1,070〜1,280円（税込・月額）
配食サービス型	高齢者向けの配食サービスと併せて行われる訪問型の安否確認。高齢者へ食事を届けるスタッフが、毎回、異変の有無を確認する。緊急時は家族に連絡したり、警察や消防署へ通報したりする。	１食当たり500〜1,000円程度
ガス会社提供型	東京ガスでは、高齢者の自宅のドアにセンサーを設置し、開閉の状況を家族のスマートフォンに通知する。大阪ガスでは、１日のガス使用料がゼロのとき、登録したメールアドレスに通知する。	東京ガスの場合は、980円（税込・月額）
カメラ設置型※	サービス提供会社が高齢者の住まいに監視用カメラを設置し、そのライブ映像を家族がスマートフォンなどで見られるサービス。リアルタイムで安否確認できる反面、プライバシー侵害の問題もある。	5,000〜8,000円程度（月額）

※緊急ボタン&センサー型、カメラ設置型は別途初期費用が必要　＊料金は2024年12月末時点

キュリティの１つとして提供されており、緊急時には警備員が駆けつけて対応してくれます。

人とのつながりを重視した「訪問サービス型」も見守りの有効な手段です。各自治体の民生委員が行う訪問サービス（見守り活動）では、無償で生活相談や安否確認が受けられます。また、郵便局の場合は有料になりますが、本人の生活状況を家族などにメールで報告してもらえます。

自分のニーズや生活状況に合わせて、最適な見守りサービスを選んでください。

Q96 ひとり老後で身寄りのない人は、第三者と「見守り契約」を結ぶべきですか？

安否や健康状態を確かめてもらえます。ひとり老後の人は認知症対策として、任意後見の見守り契約を交わしておけば安心でしょう。**なお、死後事務委任（Q121参照）でも見守り契約を結ぶケースが増えています。**

A 任意後見に見守り契約をつけると安否確認をしてもらえるので、身寄りのない人も安心。

ひとり老後の人は、認知機能が低下して正常な判断ができなくなるおそれがあります。そのような場合に備え、前もって財産管理や身上監護（保護）を担う任意後見人を選ぶことができます。これを**「任意後見制度」**といいます（Q109〜112参照）。

任意後見人は、本人と公正証書で任意後見契約を締結します。そして、本人の認知機能が低下した段階で、任意後見人に選ばれた人などが家庭裁判所に申立てを行います。これによって任意後見監督人が選任され、任意後見人が業務を行えるようになるのです。

任意後見では、契約してから実際に本人の認知機能が低下して後見人の業務が始まるまでの間にタイムラグがあります。そこで、タイムラグの間に「見守り契約」を付加するのが一般的です。見守り契約を交わすと、例えば、週に1回は電話したり、月に1回は訪問したりして

任意後見制度の仕組み

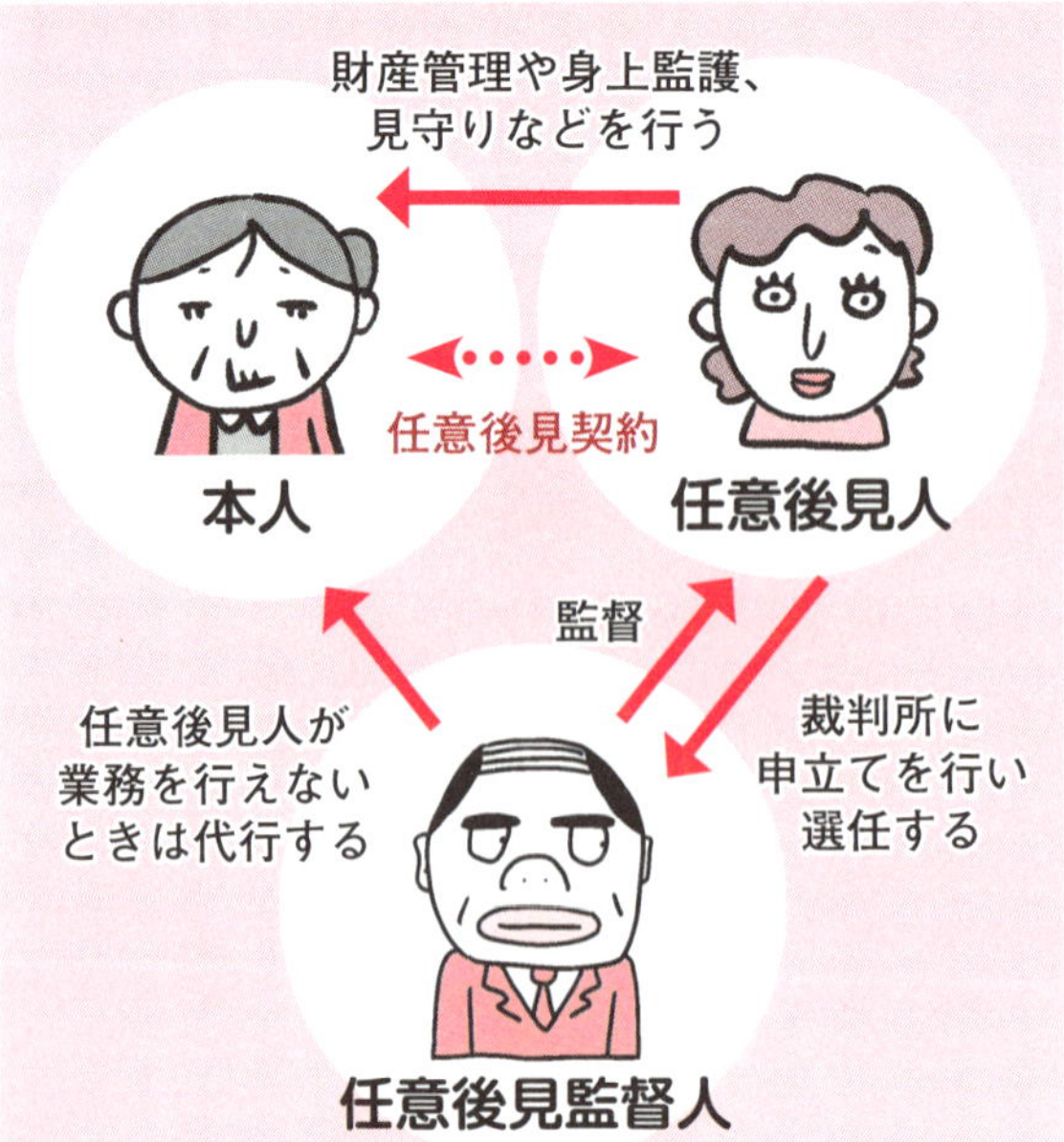

財産管理や身上監護、
見守りなどを行う
任意後見契約
本人
任意後見人
監督
任意後見人が
業務を行えない
ときは代行する
裁判所に
申立てを行い
選任する
任意後見監督人

Q97 身元保証を民間の「高齢者サービス事業者」に頼む場合、注意点はなんですか？

A 身元保証はトラブルが多い。地域包括支援センターに相談して実績のある事業者を選ぶ。

ひとり老後で身寄りのない人は、高齢者等終身サポート事業を行っている「身元保証等高齢者サービス事業者（以下、高齢者サービス事業者）」に身元保証などを頼むことができます。

高齢者等終身サポート事業とは、❶**身元保証等サービス**、❷**死後事務サービス**、❸**日常生活支援サービス**を提供することです（下の図参照）。

実は、これまで民間の高齢者サービス事業者による身元保証は監督官庁がなく、トラブルが多発していました。そこで、2024年6月に内閣官房（身元保証等高齢者サポート調整チーム）や各省庁が連名でガイドラインを発表。正式に高齢者等終身サポート事業と命名するとともに、サービス内容を明確にしたのです。

国によって同事業の指針が示されたことは大きな前進ですが、高齢者サービス事業者を網羅的に調査したデータはなく、どのような事業者がどういったサービスを行っているのかは明らかではありません。

ひとり老後の人が高齢者等終身サポート事業の利用を希望する場合は、地域包括支援センターに相談するなどして実績のある事業者を選ぶようにしましょう。

提供される3つのサービス

種類	主な内容
身元保証等サービス	● 入院のさいの連帯保証 ● 施設入所のさいの連帯保証 ● 退院時、退所時の手続き代行 ● 死亡時などの身柄の引取り ● 医療上の意思決定への関与 ● 緊急時の対応
死後事務サービス	● 死亡の確認、関係者への連絡 ● 死亡診断書の請求・受領 ● 火葬許可の申請、火葬の手続きなど ● 葬儀に関する事務 ● 収蔵（納骨堂）、埋蔵（墓処）、永代供養に関する手続き ● 健康保険の資格喪失に関する行政機関での手続き ● ライフラインの停止に関する手続き（電気・ガス・水道・電話・NHK・インターネットなど）
日常生活支援サービス	● 通院の送迎、付き添い ● 生活に必要な物品の購入代行

Q98 自分にとって最適な「終の住まい」を見つけるためのチェック表はありますか？

A 自宅に住みたい、自宅にこだわらないなど、終の住まいをフローチャートでチェック。

高齢者の多くは、住み慣れた自宅で一生暮らしたいと願っています。自宅に住みつづけるほうが生活費は安くすみ、老後資金を温存できるといった利点があります。

しかし、段差の多い家の場合は、つまずいて転倒骨折が起こりやすいため、老後に住みつづけるのは危険です。また、万が一、孤独死というリスクを考えたら、いつまでも自宅で1人暮らしというわけにはいかないでしょう。実際に、元気に生活していても突然、病気で倒れて命を落としてしまう人はおおぜいいます。

したがって、自立で生活できるうちに、設備がバリアフリー（障害を取り除くこと）で、見守りサービス（安否確認・緊急時の対応）、生活支援サービス（食事・清掃・洗濯・買い物など）を受けられる高齢者向け住宅に住み替えたほうが安心でしょう。**下のフローチャートで自分に合った「終《つい》の住まい」を確認してください。**

終の住まい探しフローチャート

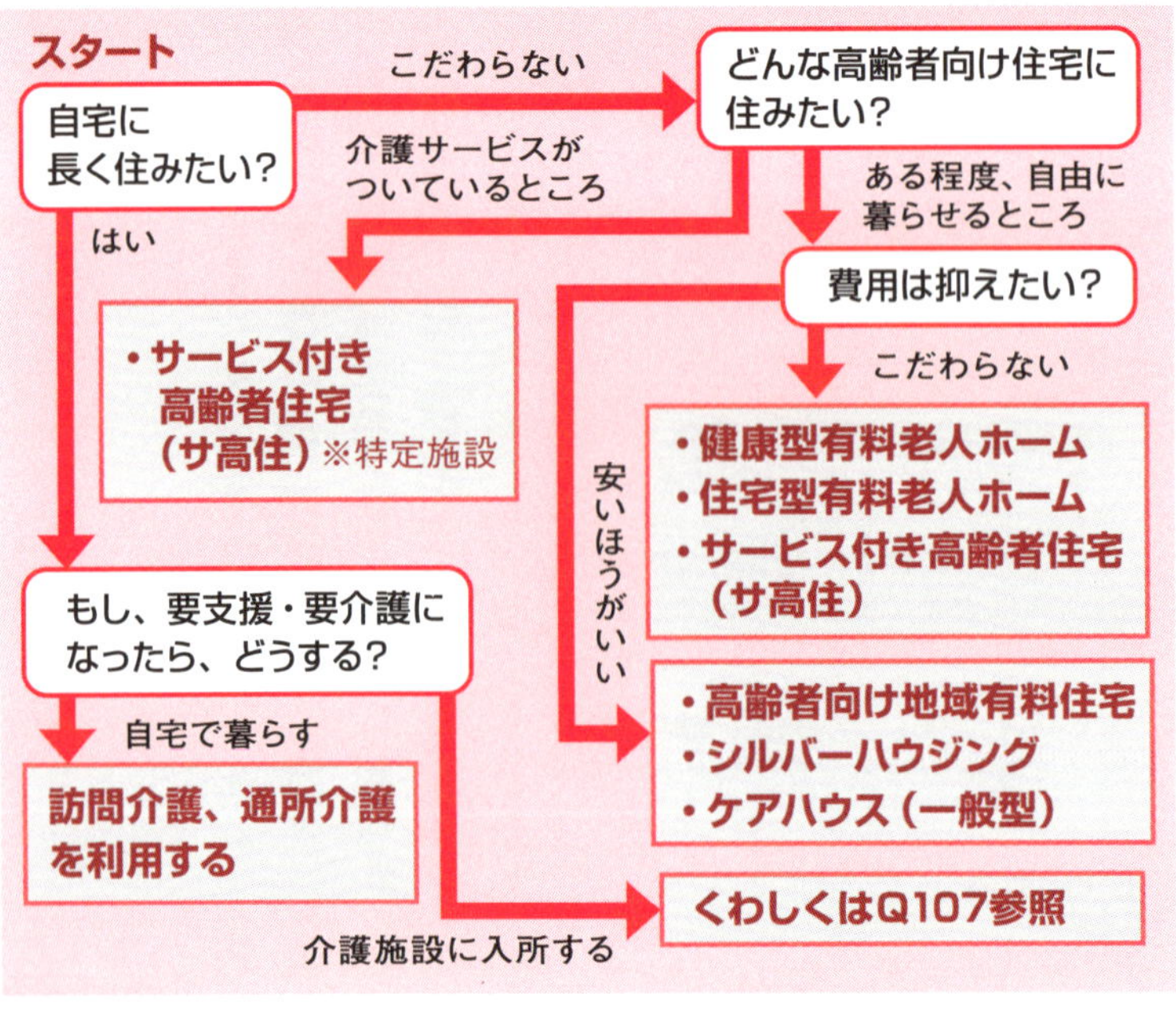

高齢者向け住宅の特徴は、日常生活の制約が少なく、これまでに近いライフスタイルを維持しながら暮らせることです。たいてい外出は自由にでき、安否確認に支障がなければ外泊もできます。また、居室にキッチンが備えつけられていることが多く、食事は自炊すれば好きなものを食べられます。ですから、自分で料理や掃除、洗濯など身の回りのことをできるうちは、高齢者向け住宅に住み替えても自由な暮らしを謳歌《おうか》できます。

注意点は、必ずしも今住んでいる自宅の近くに希望の高齢者向け住宅が見つかるとは限らないことです。場合によっては、自宅からかなり離れた場所に引っ越さなければならないこともあります。

また、高齢者向け住宅に住み替えた後に要介護になることも考えられます。高齢者向け住宅で受けられる介護は、訪問介護やデイサービス（通所介護）に限られています。そのため、脳卒中で体にマヒが残ったり、転倒骨折して寝たきりになったりして重い障害を抱えたときには、特別養護老人ホーム（特養）、介護付き有料老人ホームといった24時間介護体制のある施設への入所を検討することになります（Q107参照）。

Q99 持ち家に一生住みつづけます。長く住むコツや注意点はなんですか？

A バリアフリー化、オール家電化、一戸建てなら1階に生活機能を集約するなど。

ひとり老後の人で、持ち家に一生住みつづけるなら、リフォームを行うなどの工夫が必要です。

第一はバリアフリー化。トイレ、浴室、廊下、階段に手すりをつけたり、床の段差をなくしたりして、動きやすく、転びにくいように配慮することが重要です。

第二はオール家電化。火の消し忘れを防ぐために台所のガスコンロをＩＨクッキングヒーターに替えたり、ガス給湯器を電気温水器に替えたり、全室にエアコンを完備してストーブやファンヒーターを撤去したりします。

2階以上の一戸建てなら、居間や寝室、台所などの生活機能を1階に集約し、階段を上り下りする機会を減らすことも長く住みつづけるコツです。

Q100 高齢者施設に入居するので持ち家は売却します。手順や注意点はなんですか？

A 隣地境界線があいまい、再建築不可、抵当権があるなど不動産の売却には難題が多い。

持ち家が不要になり、売却を希望するなら不動産会社に依頼することになります。売却の流れについては、下のフローチャートを参照してください。

注意点は、物件調査のときに予期せぬ問題が見つかるかもしれないことです。例えば、隣家との境界線（隣地境界線）が明確でない、再建築不可物件である、抵当権が残っているといった事例がよく見られます。

まず、隣地境界線が明確でない場合は、確定測量を行い、隣地所有者に願い出て境界線の位置について了解を得ることになります。次に、再建築不可物件は、柱を1本でも残せば新築同様に建て替えられますが、物件の査定は相場よりもだいぶ下がります。抵当権が残っている場合は、借入金の返済を完了するなどして抹消する必要があります。抵当権が設定される理由はさまざまですが、多くは住宅ローンなどの融資にかかわるものです。

重要なポイントは、必ず信頼できる不動産会社に仲介してもらうことです。不動産の売買では大きなお金が動くだけでなく、登記変更によって所有権が移転します。トラブルをさけるためにも仲介を依頼しましょう。

不動産売却の流れ

不動産会社へ売却を依頼
↓
媒介契約を結ぶ
↓
物件調査（登記内容の確認、測量など）
↓
販売活動を行う
↓
買い手が見つかる
↓
売買契約を締結
↓
決済・登記移転・物件の引き渡し

Q101 持ち家を売却しないで有効活用するには、どんな方法がありますか？

A そのまま賃貸、更地にして借地、貸駐車場、共同住宅など多様な活用方法がある。

住まない持ち家は、売却するか、所有したまま活用するかを決めなければなりません。というのも、空き家を放置すると固定資産税が高くなることがあるからです。

持ち家を売却せずに活用するなら、そのまま賃貸に出す、更地にして貸駐車場（月極・コインパーキングなど）や借地にする、共同住宅（アパート・マンション）を建てて賃貸に出すという選択肢《し》があります（下の図参照）。

持ち家を賃貸に出してすぐに借主が見つかるのは、立地に優れ、建物の状態のいい物件に限られます。これはアパートやマンションの場合も同様です。借地にすると借地料をもらえますが、数十年にわたる契約を交わさなければなりません。貸駐車場やコインパーキングは固定資産税が高いので注意しましょう。共同住宅は建設費用が高く、銀行からの借入金も多額になるので、子供などの相続人に事業を引き継げる場合に限定されるでしょう。

持ち家を売却せずに活用する方法

共同住宅を建てる

駅から徒歩数分の距離なら、賃貸物件としての需要がある。

そのまま賃貸する

建物の状態が良く、リフォームが不要なら、そのまま賃貸も可能。

借地にする

借地にして、借り主と賃貸借契約を結べば借地料を得られる。

貸駐車場にする

都市部なら更地にして貸駐車場、コインパーキングにするのもいい。

Q102 持ち家に住みながら生活費を捻出できる「リバースモーゲージ」とはなんですか？

A 自宅担保融資といって、借入金の一種。借入れの上限額は自宅評価額の30～70％程度。

リバースモーゲージとは、マイホームを保有している人が持ち家に住みつづけながら、自宅を担保にして老後資金などの融資を受けられる制度です。借入金の元本の返済は必要なく、利用者（借受人）が亡くなったときなどに担保にした自宅を売却し、借入金を一括返済する仕組みになっています（上の図参照）。

リバースモーゲージの仕組み

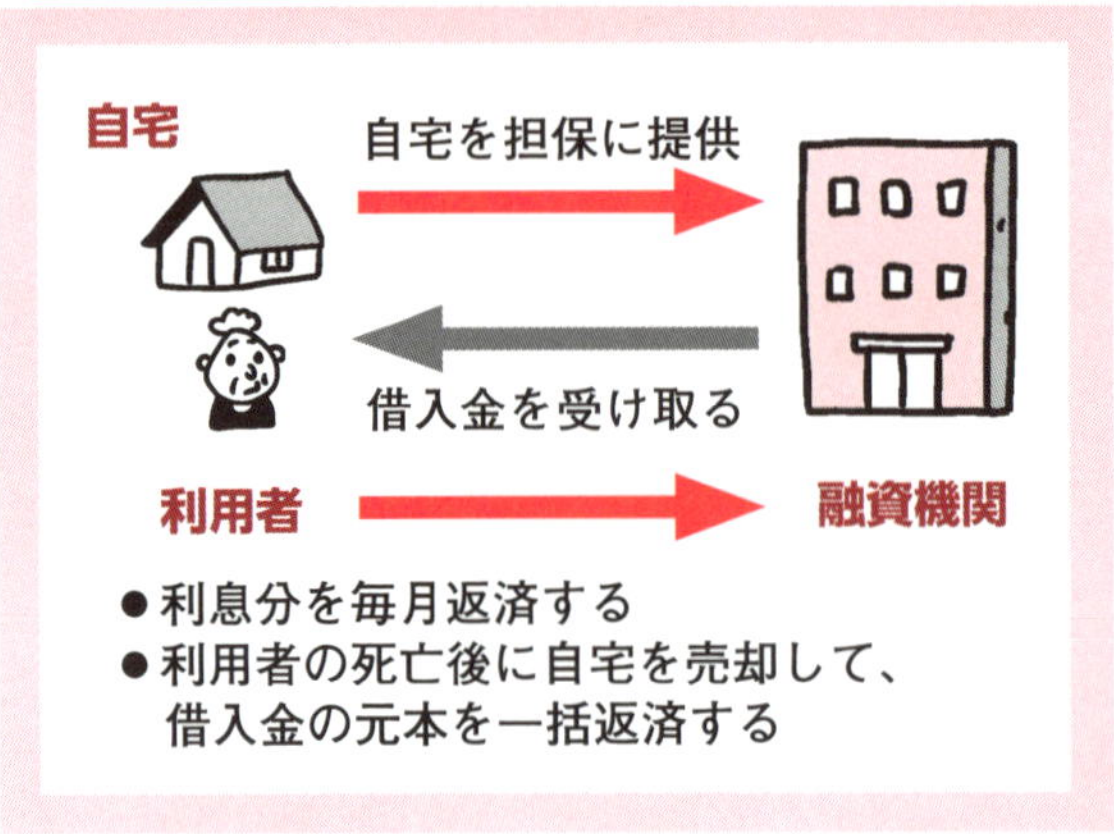

自宅
自宅を担保に提供
借入金を受け取る
利用者
融資機関
●利息分を毎月返済する
●利用者の死亡後に自宅を売却して、借入金の元本を一括返済する

相続人が担保物権を手放したくない場合は、手持ちの現金で借入金を返済することも可能です。

リバースモーゲージは住宅金融支援機構、自治体の社会福祉協議会、金融機関などで取り扱っています。

リバースモーゲージの借入れの上限額は、担保となる持ち家の評価額の30～70％程度が目安になります。借入金の受取方法は、**❶一括でまとめて受け取る、❷定期的に一定金額を受け取る、❸契約金額の範囲内で必要なタイミングに必要な金額を受け取る**などです。

借入れを受けている融資期間中に元本の支払いはありませんが、利息を毎月支払わなければなりません。

リバースモーゲージの金利は、主に変動金利です。例えば、りそな銀行の場合、リバースモーゲージの金利は年3・125～4・975％（2024年10月時点）。仮に一括で1000万円の融資を受け、金利が年3・125％で変動しなかった場合、毎月の返済額（利息分）は2万6041円となります。借入金が大きいほど利息も増えるので、返済に無理がないかどうかを事前に計算し、確かめておくことが大切です。

借入金の用途は、取り扱う融資機関ごとに決められています。金融機関からの借入金はフリーローンに近く、趣味やレジャーなど幅広い用途に使えます。しかし、住宅金融支援機構からの借入金の用途は、本人が居住する住宅の建設・購入・リフォーム費用、高齢者住宅への入居一時金、住宅ローンの借換えなどに限定されます。また、社会福祉協議会からの借入金の用途は、老後の生活資金のみに限定されます。

主な資金用途

- 老後の生活資金、医療費・介護費
- 高齢者施設の入居一時金
- 自宅のリフォーム費用
- 住宅ローンの残債の支払い
- 趣味・レジャー※
- 子供などへの生前贈与※

※金融機関のみ

リバースモーゲージは、取り扱う融資機関ごとに資金用途が決められている。生活資金のほか、レジャー、生前贈与に使える場合もある。

Q 103 リバースモーゲージを利用するとメリットが大きいのは、どんな人ですか？

A 自宅を相続する親族がいない人や、持ち家の評価額が高くて多く借り入れられる人など。

リバースモーゲージは、担保物件を売却して借入金の返済に充てる融資制度です。そのため、持ち家を相続する親族がいない高齢者に適しています。相続人のいない人が不動産を所有したまま亡くなると民法959条により、その不動産は国庫に帰属する（国のものになる）ことになります。ですから、持ち家に住みながら生前に金銭を受け取れるのは大きなメリットです。

ただし、借入れの上限額は持ち家の評価額の30～70％なので、評価額が高くないとリバースモーゲージの恩恵は十分に受けられません。持ち家の評価額は、少なくとも1000万円以上は必要でしょう（社会福祉協議会の多くは評価額1500万円以上を融資条件としている）。

Q104 リバースモーゲージはいいことだけでないそうです。どんな注意点がありますか？

A 金利の上昇リスク、物件評価額の下落リスク、存命中に契約が終了する長生きリスクなど。

リバースモーゲージには、①**金利上昇**、②**物件評価額の下落**、③**想定以上の長生き**という3大リスクがあります。

まず、**金利が上昇すると利息の返済額が増えます。**リバースモーゲージは変動金利が多く、日本銀行の利上げの影響を受けます。そのため、利上げの幅が大きければ利息の返済額が増える可能性が高くなります。

次に、**物件評価額が下落すると、借入れの上限額が下がります。**老後の生活資金として定期的に一定金額を受け取っている場合は、借入金が上限額に達すると融資終了となり、すぐに返済を求められるので要注意です。

想定以上に長生きした場合も、定期的に一定金額を受け取っていて存命中に借入れの上限額に達すると、融資終了となってしまいます。

こうしたことから、リバースモーゲージは返済の見通しを立てにくい融資制度といわれています。

ほかにも、担保物件の売却で完済できないときは相続人が残債を返済しなければならない、マンションや一定評価以下の物件は対象外の場合が多い、といった注意点もあります。くわしくは左の図を参照してください。

リバースモーゲージの注意点

● 金利変動で利息の返済額が変わりやすい

リバースモーゲージは変動金利であることが多く、金利が上昇すると利息の返済額が増える。

● 物件評価額の下落で借入れの上限額が下がる

担保にしている持ち家の評価額が下落すると、融資期間中であっても借入れの上限額が下がる。

● 存命中に元本返済を求められることもある

想定よりも借受人が長生きし、借入れの上限額に達した場合は、存命中に返済を求められる。

● 残債は相続人が返済しなければならない

担保物件を売却しても完済できず、残債が発生した場合は相続人が返済しなければならない。

● マンションは対象外であることが多い

一部の金融機関を除き、マンションは対象外。一定評価額以下の物件が対象外になることもある。

Q105 病気やケガで体が不自由になったら「高齢者向け住宅」に入居すべきですか？

A 病気やケガで在宅復帰しても、ひとり老後で自宅に住むのは大変。ぜひ入居の検討を。

高齢になると脳卒中や心臓病、がん、肺炎など、さまざまな病気にかかりやすくなります。また、女性は加齢とともに骨がもろくなるため、軽く転んだだけで手足を骨折してしまうケースが少なくありません。

ひとり老後の人が病気やケガで入院し、退院後に在宅復帰できたとしても、病み上がりの体で自宅に住みつづけるのは大変です。ましてや、病気の後遺症で手足がマヒしたり、歩行困難になったりして車イスが必要になるなど、体が不自由になるとなおさらです。

病気やケガで日常生活に不便を感じたら、「高齢者向け住宅」への入居をおすすめします。また、体が不自由なら「介護施設」への入所を検討しましょう。

Q106 高齢者向け住宅にはどんな種類がありますか？各住宅の特徴はなんですか？

A サ高住、高齢者向け地域優良賃貸住宅、シルバーハウジングなど。特徴はさまざま。

ひとり老後の人は、足腰が弱って転びやすくなったり、認知機能が低下したりして、しだいに自宅で暮らすことが困難になります。特に、自宅の床に段差が多いとつまずきやすいため、危険と隣り合わせで生活しなければなりません。入院や高齢のため体力が衰えた人だけでなく、元気に動ける人も、自宅での生活に不便を感じたら高齢者向け住宅への入居を検討するといいでしょう。

高齢者向け住宅は、主に自立で生活している60～65歳以上の人のための賃貸住宅や民間施設で、「サービス付き高齢者向け住宅（サ高住）」「健康型有料老人ホーム」「住宅型有料老人ホーム」「高齢者向け地域優良賃貸住宅（地域優良賃貸住宅　高齢者型）」「シルバーハウジング（シ

ルバーピア）」などがあります（下の表参照）。

これらに共通するのは、室内の段差をなくしたり、廊下や階段に手すりを設けたりするバリアフリー（障害を取り除くこと）が施されていることです。また、専任のスタッフが常駐しており、見守りサービスや生活支援サービスを受けられるところもあります。

ほかにも高齢者向け住宅には、「シニア向け分譲マンション」「高齢者向けシェアハウス（グループリビング）」「養護老人ホーム」があります。シニア向け分譲マンションは売買物件で、高額ですが所有財産になります。高齢者向けシェアハウスは、個別の居室で暮らしながら共有スペースでほかの入居者と交流できる住宅です。養護老人ホームは、生活に困窮している高齢者のための施設で、社会復帰のための支援を受けることができます。

高齢者向け住宅は、自立もしくは要支援などの軽介護の人が生活することを前提としています。そのため、要介護度が上がった場合には介護施設（Q107参照）に移らなければなりません。なお、サ高住の中には「特定施設（特定施設入居者生活介護）」の認定を受け、介護施設として運営しているところもあります。

高齢者向け住宅の主な種類

種類	概要
サービス付き高齢者向け住宅（サ高住）	見守りや生活支援を受けられるバリアフリー型賃貸住宅。介護を受けられる場合もある（要介護3以上）。月額費用は老人ホームよりも割安。
健康型有料老人ホーム	介護の必要がなく、自立で生活できる人に向いている有料老人ホーム。認知症の人は入居できない。入居一時金、月額費用は割高。
住宅型有料老人ホーム	介護がさほど必要のない人に向いている有料老人ホーム。要介護度が上がると退居しなければならないこともある。入居一時金、月額費用は割高。
高齢者向け地域優良賃貸住宅（地域優良賃貸住宅 高齢者型）	高齢者が生活しやすいようにバリアフリー設計された賃貸住宅。見守り、生活支援は受けられない。自治体が家賃の一部を補助する。
シルバーハウジング（シルバーピア）	バリアフリー設計で生活援助員（ライフサポートアドバイザー）のサービスを受けられる賃貸住宅。公営住宅の場合は、家賃の減免制度を受けられる。
ケアハウス（自立型）	身寄りがない、または家族と同居できない高齢者（自立で生活可能）が利用できる施設。要介護1以上の人は、介護型（左㌻の図参照）が対象。

Q107 要介護になったときに入所する「介護施設」には、どんな種類がありますか？

A 介護付き有料老人ホーム、特養、老健、介護医療院、グループホーム、ケアハウスなど。

自立で生活できる人、あるいは要支援などの軽介護の人は高齢者向け住宅で暮らせますが、病気やケガで体が不自由になりトイレや食事、着替え、入浴などに支障をきたしたり、認知症を発症して日常生活が困難になったりすると「介護施設」に入所する必要があります。

介護施設には、「特別養護老人ホーム（特養）」「介護老人保健施設（老健）」「介護付き有料老人ホーム」「介護医療院」「グループホーム」「ケアハウス（介護型）」などがあります（下の表参照）。

介護を必要とする高齢者の主な受入先となっているのが、公的施設の「特養」と「老健」です。民間施設では、介護付き有料老人ホームに入れば手厚い介護を受けることができます。長期にわたる医療ケアが必要な人は介護医療院、認知症の人はグループホーム、経済的に苦しい人はケアハウス（介護型）が適しています。

介護施設の主な種類

種類	概要
特別養護老人ホーム（特養）	寝たきり、認知症などで日常生活の介護が必要な人（原則、要介護３以上）が対象。月額費用が安く、終身利用が可能。
介護老人保健施設（老健）	退院後などに在宅復帰を目指す要介護１以上の人が対象。医療ケアを受けて生活しながらリハビリテーションを行う。
介護付き有料老人ホーム	寝たきり、認知症などで介護が必要な人が対象。24時間対応で手厚い介護を受けられる。入居一時金、月額費用は割高。
介護医療院	日常的な医療ケアと介護が必要な人（要介護１以上）が対象。長期療養が可能で、ターミナルケアや看取りも行われる。
グループホーム	認知症で要支援２以上の人が対象。５～９人のユニット（グループ）を組み、役割分担をしながら共同で生活する。
ケアハウス（介護型）	身寄りがない、または家族と同居できない要介護１以上の人が対象。低料金で介護サービスを受けることができる。

民間施設の介護付き有料老人ホームは入居一時金、月額費用が高いので、終身利用を希望する場合は公的施設で費用が安い特養への入所を検討するのが一般的です。

特養は、トイレや食事、着替え、入浴など日常生活に介助が必要な要介護3以上（原則）で、在宅介護が困難な人を対象としています。月額費用が10万円前後と安価なので人気が高く、順番待ちとなり、申込みから入居までに数ヵ月から数年かかるのがふつうです。

手ごろな費用で利用できる介護施設としては、「サービス付き高齢者向け住宅（サ高住）」も選択肢《し》の1つ。サ高住には、特定施設入居者生活介護（特定施設）の認定を受け、介護施設として運営しているところもあります。特定施設の認定を受けたサ高住の月額費用の目安は20万円前後で、多くは入居一時金がかかりません。特養に入居するまでの期間だけ利用するのもいいでしょう。

要介護1～2の人は老健に入所してリハビリテーションを行い、在宅復帰を目指すことになります。老健には医療・看護に重点を置いた「介護療養型老人保健施設（新型老健）」もあります。老健も新型老健も終身利用はできず、3ヵ月置きに在宅復帰判定が行われます。

Q108 公的な介護施設「老健」や「特養」に入所するには、どんな条件がありますか？

A 病気やケガのリハビリの結果、要介護1以上なら老健、3以上なら特老を申し込める。

公的な介護施設に入所するためには、一定以上の要介護認定が必要です。具体的にいうと、**老人保健施設（老健）は要介護1以上、特別養護老人ホーム（特養）は要介護3以上でなくてはなりません。**

年齢の条件は、どちらも原則65歳以上です。特定疾病《しっぺい》（3～6ヵ月以上続けて要介護状態または要支援状態となる病気）で要介護認定を受けていれば、40～64歳の人でも老健や特養に入所することができます。

入所は申込順となっており、待機者が多い施設は数年待ちになることもあります（要介護度が重度の場合は優先的に入れることがある）。また、処方されている薬が多い人は老健から入所を断られることがあります。

第9章

生前の契約「任意後見」「家族信託」「死後事務委任」についての疑問19

▶Q109～127◀

回答者

河内社会保険労務士事務所所長
特定社会保険労務士
河内《かわうち》よしい

認知症・相続への備えは任意後見契約や死後事務委任契約を結べば万全

認知機能が低下する前に契約でき認知症になると任意後見人に財産管理や身上保護を行ってもらえる
身上保護？
？
入院や要介護申請の手続き介護サービスの契約介護施設への入所契約などを本人に代わって行ってくれるんじゃ
安否確認をしてもらう見守り契約を結ぶこともできる
根本さんなら信頼できますが毎日きてもらうわけには……
なら近くの弁護士や司法書士行政書士などに頼むといい！ある程度の報酬は必要になるがの
次に全財産を根本さんに譲る方法じゃが遺言書を活用するといい
遺言
しかし兄弟や姉妹が6人もいます遺留分を主張されたら……
フリップにまとめました
遺留分って法定相続分の2分の1を主張できる権利ね
心配ない！遺留分が認められるのは配偶者子・孫などの直系卑属《ひぞく》父母などの直系尊属に限られておる
それを聞いて安心しました
ホッ
それと死亡届や埋葬遺品整理など死後の手続きが心配なら死後事務委任契約を結ぶことじゃ
その契約なら根本さんが喜んで引き受けてくれるわ
兄弟や姉妹の世話にならなくてすみますね
落書きしてやる

Q109 ひとり老後の人は、認知症対策として「任意後見制度」は利用すべきですか？

A ひとり老後で判断能力が低下すると生活に多くの支障をきたす。事前に備えると安心

高齢になると判断能力が低下し、不動産や預貯金などの財産の管理、介護サービスや介護施設への入所の契約などを自分で行うことが難しくなります。また、自分に不利益な契約を結んでしまったり、高齢者を狙《ねら》う詐欺《さぎ》に遭ったりします。このような判断能力の不十分な高齢者の財産管理や支援を行うのが「成年後見制度」です。

成年後見制度には「法定後見制度」と「任意後見制度」の2つがあります。法定後見制度は、本人の判断能力が低下した後に家庭裁判所へ申立てを行います。

一方、任意後見制度は、本人の判断能力が正常なうちに、信頼できる人を任意後見人に選定して財産の管理などを託す契約で、判断能力が低下した後、任意後見人が契約内容を本人に代わって行います。特に、ひとり老後の人は判断能力が低下すると多くの支障をきたすので、事前に任意後見制度を利用すると安心でしょう。

任意後見制度の仕組み

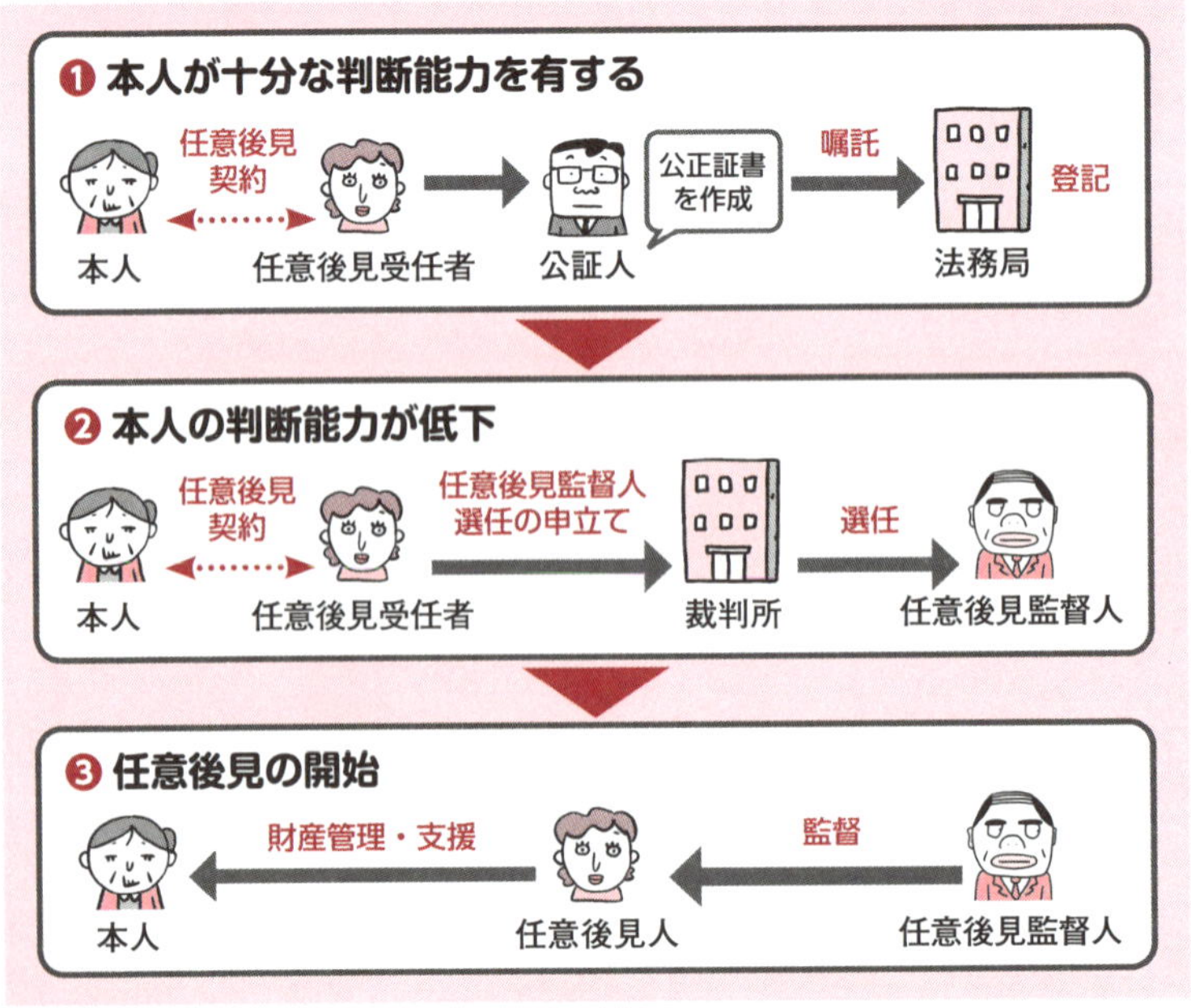

出典：法務省民事局のパンフレットを一部改変

Q110 任意後見制度とはなんですか？法定後見制度とどう違いますか？

A 認知症などで判断能力を失ったときに備え、自分の財産管理を行う人を決めておく契約。

成年後見制度には「任意後見制度」と「法定後見制度」の2つがあり、その内容は大きく異なります。

まず、任意後見制度が契約により、自分の信頼できる人に将来を託すのに対して、法定後見制度は裁判所が後見人を選任することとなります。次に、**任意後見制度では、本人の判断能力が正常なうちに契約を結び、判断能力がある程度低下した後に家庭裁判所へ任意後見監督人選任（この監督人が任意後見人を監督）の申立てを行い、裁判所の審判が下りると任意後見人の活動が開始されます。これに対して法定後見制度では、申立てに対する審判により直ちに法定後見人の活動が開始されます。**

また、法定後見人は一定の範囲で代理を行い、本人が締結した契約を取り消すことができます。これに対して任意後見人は、契約した内容の範囲での代理に限られ、本人が締結した契約の取消しは原則としてできません。

法定後見制度と任意後見制度の違い

	法定後見制度	任意後見制度
制度の概要	本人の判断能力が不十分になった後での支援制度	本人が十分な判断能力を有するときに準備しておく制度。後見開始は本人の判断能力が不十分になった後
申立手続き	家庭裁判所に後見開始の申立てを行う	❶任意後見契約を公正証書で締結する ❷本人の判断能力が不十分になったときに家庭裁判所に任意後見監督人の選任の申立てを行う
申立てができる人	本人、配偶者、四親等内の親族、検察官、市区町村長など	本人、配偶者、四親等内の親族、任意後見人となる人
後見人の権限	一定の範囲内での代理・取消し	契約の範囲内での代理（取消しは原則不可）
後見監督人の選任	必要に応じて裁判所が判断	必ず選任する

出典：法務省民事局のパンフレットを一部改変

Q111 ひとり老後で身寄りのない人は任意後見制度を利用できますか？

A 財産管理などを行う任意後見人になるのは親族に限らないので、身寄りがなくてもOK

任意後見制度は自分の財産管理や支援を信頼できる人に託す制度なので、託す相手（任意後見受任者）は家族や親族とは限りません。実際、本人の友人や知人、あるいは弁護士などの専門職などが任意後見人として活動しています。

任意後見制度の利用を検討するさいは、自分の将来をイメージしてみるといいでしょう。

例えば、自分の判断能力が低下したときに自宅で暮らしたいのか、介護施設での生活を希望するのか。介護施設を望むなら場所はどこか、費用はどの程度まで負担できるのかといったことを考えることが大切です。任意後見人は将来の住まいの近くにいる人のほうが心強いし、ひとり老後を安心して送るイメージもつかめます。

Q112 任意後見制度を利用するには、どんな手続きや費用が必要ですか？

A ひとり老後の安心・安全のために見守り契約や財産管理委任契約なども検討しましょう。

任意後見制度を利用するときは、信頼できる相手（任意後見受任者）と契約を交わし、契約書を公正証書で作成する必要があります。契約書は公証役場で保管され、法務局に登記されるので安全です。ただし、任意後見受任者が任意後見人として財産管理や支援を始めるのは、本人の判断能力がある程度低下した後となります。

ひとり老後では、判断能力はしっかりしていても、体力が衰えると役所や銀行での手続きなどが困難になります。自分の終末期医療や死後の手続きをどうするのかも悩ましい問題です。そこで、任意後見契約を加えた4つの契約（左ジペーの図参照）を交わし、遺言書・尊厳死宣言書も作成して公正証書にしておくといいでしょう。

4つの契約と遺言書・尊厳死宣告書

❶**見守り契約**……定期的に訪問し、本人の安否や健康状態を確認する契約。困っていることも相談できる

❷**財産管理委任契約**……依頼者本人の監督のもとで財産管理や役所・銀行での手続きなどを代行する契約

❸**任意後見契約**……Q109〜111参照

❹**死後事務委任契約**……死亡後の葬儀の手配やお墓への埋葬、遺されたペットの行先の検討、遺品の整理や処分などを行う契約（Q121〜127参照）

❺**遺言書**……Q135〜138参照。遺言書に、遺言執行者として任意後見契約をした人を指名しておくと処理がスムーズに進む

❻**尊厳死宣言書**……終末期医療で自分の意思を伝えられなくなったときに備え、人工呼吸器や胃瘻《いろう》などの延命措置を望まない場合に作成しておく書面。任意後見契約をした人などに託しておくと安心

以上のことを依頼する相手（受任者）への報酬は、委任内容により話し合いで決め、契約書に盛り込むことになります。例えば、任意後見契約の報酬は、目安として月額3万〜6万円程度が多いようです。

任意後見契約と安心のための周辺契約

契約　＊「元気なうち」に「信頼する人」と結ぶ、または書面を託す

❶ **見守り契約** ➡ 安否確認など（ちょっとしたことも相談できる）

体力が低下したときのために

❷ **財産管理委任契約** ➡ 役所や銀行の手続きなどを依頼する

認知機能が低下したときのために

❸ **任意後見契約** ➡ 自分の財産管理・支援

死亡（❹❺）または重体に陥ったとき（❻）のために

❹ **死後事務委任契約** ➡ 葬式やお墓、遺言執行などをまとめて依頼
❺ **遺言書**
❻ **尊厳死宣言書**

＊❶〜❹の契約を交わしたり❺❻の書面を託したりする相手（受任者）は、同じ人（例えば、任意後見契約の相手）でも、別々の人や事業者でもかまわない

Q113 今話題の「家族信託」とは何？ 利用者が増えている理由はなんですか？

A 信頼できる家族に財産を託す契約。財産保全だけでなく相続対策などにも有効なため。

「家族信託」は、財産管理方法の1つで、あらかじめ自分の所有する不動産や預貯金などの財産を信頼できる子供などの家族に託し、管理や処分を任せる「民事信託」の一種です。

家族信託が広まった背景には、認知症による親などの財産凍結の問題があるといわれています。親が認知症になり、財産の管理が難しくなると、預貯金の口座は凍結され、お金の出し入れができなくなります。また、自宅などの不動産を売却することもできません。このような場合には「任意後見制度」（Q109〜112参照）で事前対策を講じることも一考ですが、それでも財産の管理・運用・処分が制限される場合があります。こうしたことから、親の認知症などに備えた財産管理方法の1つとして、家族信託を利用する人が増えているのです。

家族信託では、自分が亡くなった後に利益を受ける人

家族信託の仕組みと契約の例

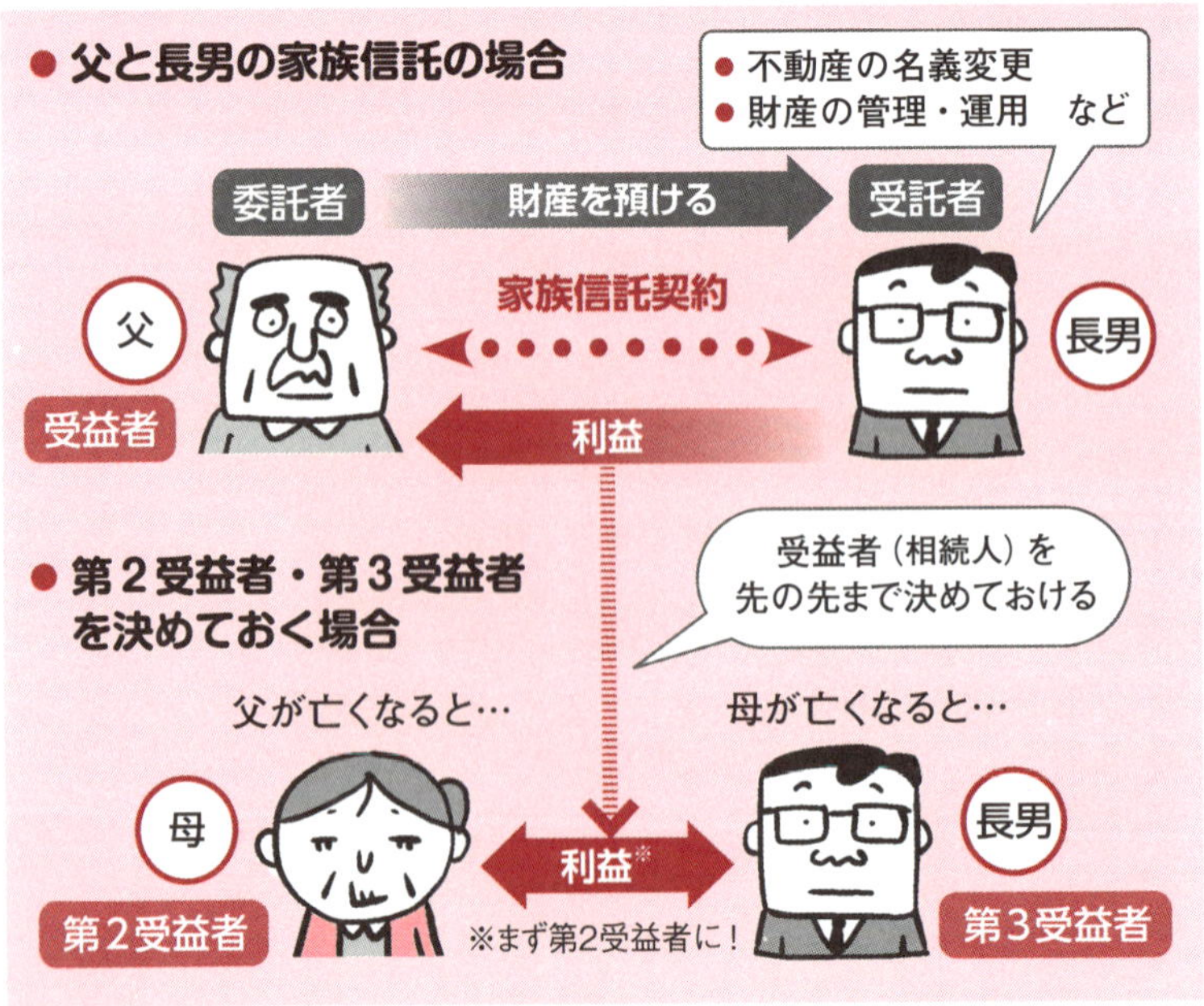

を契約で決めておくこともできます。そのため、相続対策としても有効な方法の1つとなります。特に、障害のある子供を持つ親は「自分に万が一のことがあったときに子供はどうなるのか」といった不安を抱えているため、「親亡き後の対策」としても注目を集めています。

得られた利益を受ける人を決めておく

家族信託においては、本人が所有する権利を2つに分けて考えます。具体的には「**❶財産から利益を受ける権利**」と「**❷財産を管理・運用・処分できる権利**」に分け、❷の権利のみを子供などの家族に託します。そして❷の財産の管理・運用・処分によって得られた利益は、契約により本人または第三者（障害児など）が受け取ることができるようにします。

家族信託では、**所有する財産を信託する人を「委託者」、財産の管理・運用・処分を任される人を「受託者」、財産から利益を受ける人を「受益者」といいます。**家族信託の場合、**親のために子供が受託者として財産を管理し、その利益を委託者である親が得るといった「委託者＝受益者」となるケースがほとんどです。**

Q 114 家族はいません。家族信託の契約を親しい友人と結ぶことはできませんか？

A 家族信託はもともと民事信託と呼ばれていた仕組み。受託者は友人などの第三者も可。

家族信託の多くは、その名称のとおり親子間で信託契約を結ぶことになります。では、家族以外の人と契約できないかというと、そうではありません。**家族や親族のいないひとり老後の人は、友人や知人などと契約するといいでしょう。**

ただし、家族信託契約を結ぶ場合に重要なのは、必ず自分が信頼できる人と契約することです。当然のことですが、自分の所有する不動産や金融資産などの名義を移して財産管理を任せることになるので、その人を本当に信頼していいのか、よく見極めなくてはなりません。

身近に信頼できる人がいない場合には、法律にくわしい弁護士などの専門家と契約することも一考です。

Q115 家族信託は任意後見制度と似た仕組みですが、どんな違いがありますか？

A 家族信託の効力は契約時点で発生するが、任意後見では判断能力を失った後になるなど。

第三者が財産を管理するという意味で、家族信託は任意後見制度とよく似た仕組みといえます。

しかし、**任意後見制度では、本人の判断能力が低下した後に家庭裁判所に申立てを行い、その審判が下されてから任意後見人が財産管理や支援を開始します。**一方、**家族信託は、契約を交わしたときから受託者が財産管理などを始められるので、即効性があります。**

ただし、家族信託は、あくまでも所有する財産を信託する契約です。したがって、介護施設への入所時や病院への入院時などにおける身上保護については契約に含まれません。このようなことに備えたい場合には別途、任意後見契約などを結んでおく必要があるでしょう。

Q116 家族信託は相続対策として有効ですか？ 有効なのは、どんなケースですか？

A 遺言書ではできない二次相続ができ、会社の後継者に孫を指定するといったことが可能。

家族信託は「相続対策」としても有効なケースがあります。遺言書では誰に財産を相続（一次相続）させるかを指定できますが、その次の相続（二次相続）については指定できません。**実は、家族信託では、この二次相続以降の相続についても対策を打つことが可能です。**

例えば、会社を長男に継がせるが、長男に子供がないため長男の死後は次男の子供（孫）に継がせたいと考えている場合、そのままでは長男の死後、長男の妻など直系親族以外の人に会社が承継されるおそれがあります。そこで家族信託を利用すると、父を最初の受益者（第1受益者）とし、父の死後は長男を第2受益者、長男の死後は次男の子供を第3受益者とすることができます。

Q117 家族信託では、託した財産の相続人を先の先まで決められるとは本当ですか？

A 本当。第1受益者の夫が亡くなったら第2受益者として妻を指定することが可能。

Q116で説明したとおり、家族信託を利用して第2受益者・第3受益者を定めると二次相続、三次相続が可能になります。つまり、家族信託によって財産の相続人を先の先まで決めることができるため、委託者本人の死後の希望まで叶《かな》えることができる制度といえます。

例えば、父が委託者および受益者、長男が受託者として信託契約を結んだ場合、父の死後は、第2受益者として母である妻を指定することができ、以降も第3受益者、第4受益者と指定していくことが可能です。特に子供のいない夫婦で、妻を第2受益者とした後に、妻が亡くなったさいの財産の行方まで決めておきたいという人にとって、有効な相続対策となるでしょう。

Q118 家族信託は認知症対策として有効ですか？有効なのは、どんなケースですか？

A 認知症で判断能力が低下すると詐欺被害に遭いやすいが、家族に財産を託すと安心。

家族信託を利用することで、親や祖父母の「認知症対策」が図れるといわれています。認知症になり症状が悪化して預貯金の口座が凍結されると、家族でもお金を引き出せなくなり、不動産などの売却もできません。

特に、ひとり老後の人は、認知機能が低下すると、悪質な訪問販売やリフォーム工事、振り込め詐欺《さぎ》、給付金詐欺などの被害に遭いやすいというのが実態です。

家族信託を利用すると、**すでに財産の管理や運用は、子供などの家族が受託者として行っているため、委託者である親や祖父母は財産を使うことができません。**お金を自由に使えなければ、結果として、詐欺などの被害に遭う確率は格段に低くなるので安心できるでしょう。

Q119 家族信託を利用するには、どんな手続きが必要ですか？

A まずは家族との合意が必要。契約を締結し、信託財産の名義を家族へ移すことに。

家族信託を利用するさいの手続きには、次の3つのポイントがあります。

❶家族の話し合いと信託財産・契約内容の検討

最も重要なことは、まず家族信託を利用する目的を、委託者や受託者となる当事者だけでなく家族全員できちんと話し合うことです。

そのうえで、どの財産を信託するのかを決めます。信託する主な財産は現金、預貯金、株式などの有価証券、不動産です。

次に、具体的な信託契約の内容を検討します。財産の管理・運用・処分を任せる「受託者」を誰にするのか、財産の運用・処分によって得た利益の「受益者」を誰にするのか、受益者が亡くなった後の「第2受益者」を誰にするのか、それ以降の受益者を定めておくのかといったことを決めます。

家族信託の手続きの流れ

① 家族で信託の内容を話し合い、合意を得る
➡ 家族の合意が最も重要。信託財産と契約内容を検討する

② 家族信託契約の締結
➡ 家族で話し合って合意した内容を契約書に盛り込み、契約を締結する

③ 財産の名義を委託者から受託者に移す
➡ 父と子の契約の場合、父から子へ名義を移す

④ 財産管理の専用口座を開設する
➡ 受託者個人の資産と区別するために、専用口座の開設が必要

安心の老後

これにより受託者に任せる財産が明らかになるため、家族信託の効力が及ぶ財産の範囲と、委託者や受託者個人が所有する財産との線引きが明確になります。

信託財産と受託者の財産は別々に管理

❷家族信託契約の締結

家族で話し合って合意したら、合意した内容を家族信託契約書に盛り込みます。

具体的には、信託の目的、信託財産の範囲、財産の管理方法や処分権限の範囲、受託者や受益者の氏名、信託の終了事由などです。

❸名義人の変更登記と信託口座の開設

信託財産が不動産の場合には、名義人を委託者から受託者へ変更登記する必要があります。

また、信託財産を管理するための専用口座を信託銀行などの金融機関で開設しなければなりません。受託者には、自分の財産と信託財産を分別《ぶんべつ》して管理する義務があるからです。ちなみに、信託財産の専用口座は銀行や信用金庫、信用組合などでも開設できますが、信託業務を専門とする信託銀行で開設するのが一般的です。

Q120 身寄りのない人が亡くなると、死亡届などの「死後の手続き」は誰が行いますか？

A 親族を探しても見つからない、拒否されたといった場合、最終的に自治体が行うことに。

人にはいつか必ず「死」が訪れますが、死亡届などの「死後の手続き」を自分で行うことはできないので、誰かに任せるしかありません。特に、ひとり老後の人はQ121～127で説明する「死後事務委任契約」を結んでおくことをおすすめします。

人が亡くなったとき、死後の手続きがどのように進んでいくのかを整理すると、次のようになります。

❶死亡診断書（または死体検案書）の受領

通常、死亡を確認した医師に「死亡診断書」を発行してもらいます。自宅や不慮の事故などで亡くなったときは、警察の監察医から「死体検案書」を交付してもらうことになります。

❷病院や介護施設からの遺体の搬送

病院や介護施設で亡くなると、なるべく早く遺体を引き取るよう求められるので、すぐに葬儀社へ連絡して寝台車を用意してもらいます。事前に葬儀社を決めておくと、遺体の搬送や葬儀の手続きがスムーズに運びます。

❸役所への死亡届の提出

死亡届の提出期限は死後7日以内ですが、提出しないと火葬や埋葬ができないので、すぐに提出しましょう。葬儀社が提出を代行してくれるケースもあります。

❹火葬許可証や埋葬許可証の受領と提出

死亡届を提出して役所から「火葬許可証」が交付されると、葬儀を執り行うことができます。火葬許可証を火葬場に提出すると「埋葬許可証」が交付され、寺院や霊園などに提出することで納骨が行える運びとなります。

親族がいても関係をさけるケースがある

ところで、以上のような死後の手続きを行ってくれる人がいないと、どうなるのでしょう。その場合は、原則として死亡地の自治体が行うこととされており、自治体は戸籍などから親族を探しますが、それでも見つからなかったり、親族が関わりを拒否したりしたときには、最終的に自治体が遺体を管理・埋葬することになります。

死後の手続き（死亡から埋葬まで）の大まかな流れ

① 医師から死亡診断書（または死体検案書）を取得 ＊死亡直後

② 病院や施設からの遺体の搬送 ＊死亡後すぐに遺体の引取りを求められる

③ 役所へ死亡届・火葬許可申請書の提出、火葬許可証の取得 ＊死後7日以内

④ 葬儀・告別式 ＊直葬などの場合は省略

⑤ 火葬場へ火葬許可証を提出し、埋葬許可証を受領

⑥ 霊園などの墓地管理者へ埋葬許可証を提出

⑦ 埋葬

Q121 死後の手続き一切を任せられる「死後事務委任」とはなんですか？

A 死亡届など死後の手続き一切を第三者に任せる契約。財産以外のことはこれで対策可能。

「死後事務委任」とは、死亡後の自分の希望を信頼できる人に託すもので、生前のうちに、その内容を契約で決めておきます。長い人生の締めくくりの事務となることから、この「死後事務委任契約」では、次のような幅広い内容を依頼することができます。

❶**葬儀に関する手続き**……亡くなったときの遺体の搬送や安置の方法、死亡届の提出、葬儀の方法、火葬・埋葬の手続き、供養《くよう》やお墓に関することなど

❷**役所への届け出**……保険証や免許証の返還、年金事務所への連絡、住民税や固定資産税の清算など

ペットを世話してくれる人の手配も可能

❸**遺品の整理**……家具、家財、宝飾品、衣類、日用品、寝具、食器、電化製品、仏壇・仏具など

パソコンやスマホ内の「デジタル遺品」の整理も、死

死後事務委任の流れ

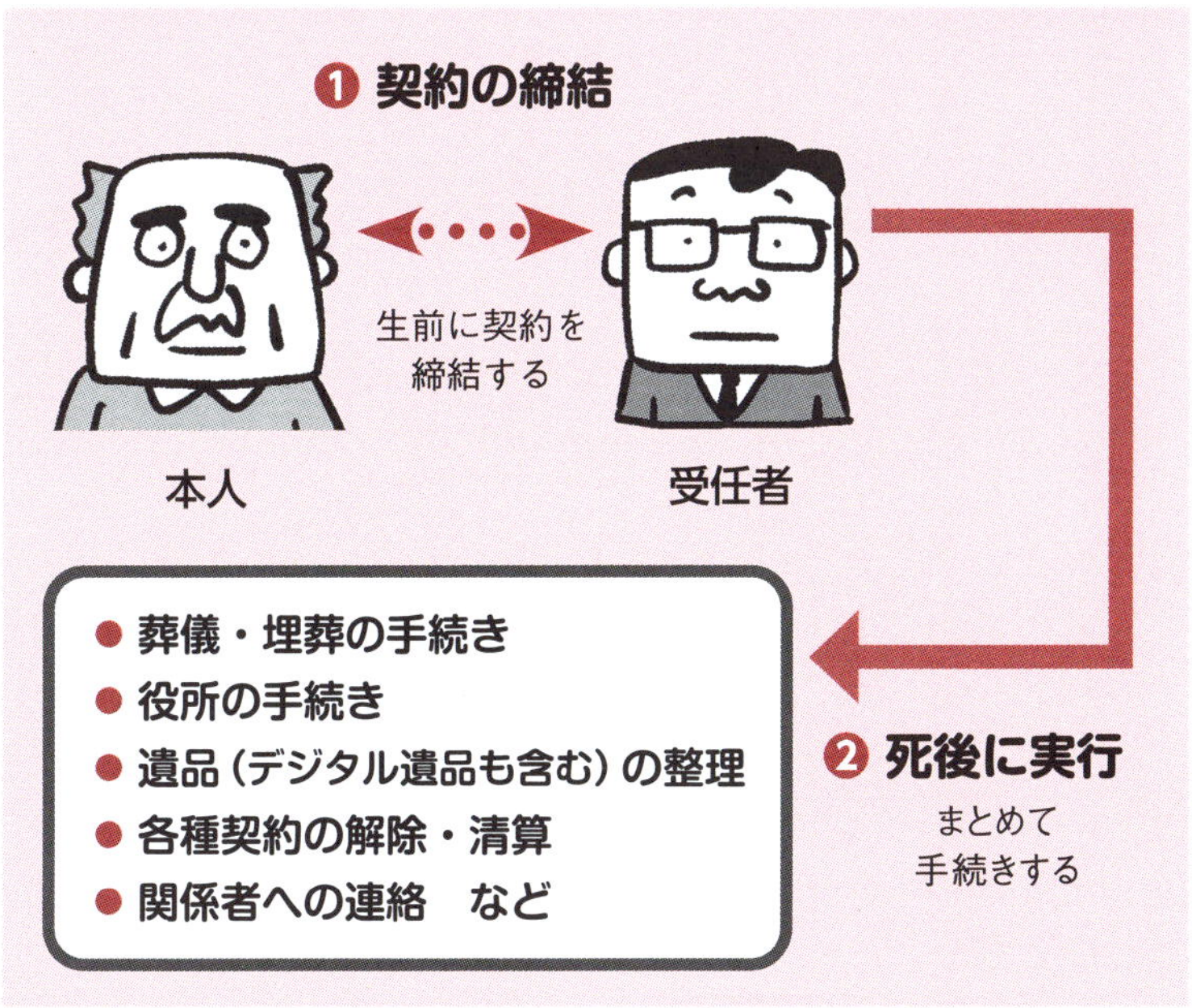

後事務委任契約に盛り込むことができます。特にSNSのアカウントは、乗っ取られると犯罪につながるおそれがあるので、必ず削除してもらいます。そのさいはログインIDやパスワードが必要になることが多いので、契約する相手（受任者）と情報を共有しておきましょう。

❹各種契約の清算・解約……公共料金、クレジットカード、生命保険、サブスク、インターネットなど

家を借りていた場合は賃貸借契約を解除し、鍵の返却や掃除をしたうえで明け渡す必要があります。病院や介護施設に入っていた場合は、費用の清算や所持品の引取りなどが必要です。

また、ペットがいる場合は、遺されるペットの面倒を見てくれる人の手配や施設などへの引き渡しが必要になります。

❺死亡時の関係者への連絡……自分が亡くなったことを知らせてほしい人への連絡を依頼できる

これらの細かいことについても、死後事務委任契約に盛り込むことができます。

Q122 死後事務委任を利用すると、死後の手続きは友人に任せることもできますか？

A 信頼できる人なら誰でもOK。友人には本来できない埋葬などの手続きも行えることに。

ひとり老後の人の中には、身寄りがなかったり親族がいても疎遠になっていたりして、最も信頼できるのは長年付き合ってきた友人や知人というケースがあります。その場合、自分の葬儀や埋葬、身の回りの遺品整理は、その人にお願いしたいと思うのは当然のことでしょう。

死後事務委任では、契約をする相手に制限がないので親族以外の友人や知人に依頼することも可能です。ただし、自分の考えを実現してくれる、最も信頼できる人と契約することが重要です。

死後事務委任契約では、依頼する人と依頼を受ける人が署名・捺印することで契約が成立します。報酬は双方の話し合いで決まるので、友人なら有償ではなく無償でもかまいませんが、ある程度の報酬を見込んでおくほうがいいでしょう。

Q123 死後事務委任を利用することで、ひとり老後のどんな悩みが解消できますか？

A 死亡届や葬儀・埋葬、公共料金の解約、家の片づけなど、気になることの大半が解消。

ひとり老後の人の相談事例で多いのは、自分が亡くなった後の「死亡届などの手続きや葬儀・埋葬」「持ち家の処分や賃貸住宅の解約手続き」「室内の遺品整理」「役所や金融機関の手続き」「電気やガス、携帯電話、SNSなどの解約」「飼っているペットの扱い」などについてのことです。

こうした不安や悩みは、死後事務委任契約を結ぶことで、自分の希望を叶《かな》えることが可能となります。抱えている不安や悩みについて、自分はどうしたいのかを整理し、箇条書きで書き出してみると役立つでしょう。

ただし、不安や悩みの内容によっては、委任できない手続きもあるので注意が必要です。

例えば、相続に関係することは委任できません。具体的には、相続分や遺産分割方法の指定、相続人（子供の認知など）や遺言執行者の指定などです。相続に関係することは「遺言書」によって法的効力を持つため、遺言書を作成してそれぞれの指定を行う必要があります。

また、死後事務委任契約は死後に発生する事務手続きを委任する契約のため、生前のことについては契約できません。生前のことについては別途、Q112で示した見守り契約、財産管理委任契約、任意後見契約、尊厳死宣言書などで対応する必要があります。

死後事務委任契約で、できること・できないこと

できること	できないこと
● 死亡届などの手続きや葬儀・埋葬 ● 持ち家の処分や賃貸住宅の解約 ● 室内の遺品整理 ● 役所や金融機関の手続き ● 公共料金や携帯電話・SNS などの解約 ● ペットの扱い　など	● 相続に関係すること 相続人（子供の認知など）の指定、相続分の指定、遺言執行者の指定など ● 生前のこと 身の回りのこと、財産管理のこと、判断能力が低下したときのことなど

Q124 葬儀やお墓の希望は、死後事務委任で叶えられますか？

A 希望を伝えて契約すれば可能。葬儀の形式やお墓の種類などをきちんと伝えること。

葬儀やお墓のことは、ひとり老後の人にとって大きな悩みの1つでしょう。死後事務委任契約では、亡くなったときの遺体搬送、葬儀、お墓への埋葬、法要などについて具体的に定めることができます。

ただし、契約に先立ち、それぞれについて、自分はどうしたいのかを明確にしておくことが大切です。

葬儀の希望は一般葬か仲のいい人だけの友人葬か、祭壇の花や遺影の写真は何がいいか、法要は必要か不要か、あるいは葬儀そのものを省略する直葬という選択肢《し》もあります。お墓も菩《ぼ》提《だい》寺や樹木葬墓、納骨堂など多種多様です。このようなことを契約内容に入れておけば、自分の希望を叶《かな》えることができるでしょう。

Q125 遺されるペットが心配です。死後事務委任でペットの世話を任せられますか？

A 面倒を見てくれる人や施設へのペットの引き渡しなども死後事務委任で契約できる。

ペットも大切な家族の一員です。自分が亡くなった後のことを考え、死後事務委任契約でペットの世話についても契約しておくといいでしょう。

ただし、契約の相手が動物好きできちんと面倒を見てくれればいいのですが、必ずしもそうとは限りません。

そんなときは、ペットの引取先を探すことも含めて委任契約をするか、自分でペットを引き取ってくれる団体などを探して双方が合意したうえで、引渡しの手続きだけを契約の相手に依頼する方法があります。

ペットの世話をするにあたっては、エサ代や動物病院での治療代などの飼育費用がかかります。事前に、こうした費用の見積り額を計算しておきましょう。

Q 126 死後事務委任を利用するには、どんな手続きが必要ですか？

A 誰とでも契約できるが、自分の想いをきちんとくんでくれる信頼できる人に委任しよう。

「立つ鳥跡を濁さず」という諺《ことわざ》がありますが、ひとり老後の人の多くは、自分が亡くなった後は誰にも迷惑をかけないように後始末をきれいに行っておきたい、と望んでいます。

しかし、**死後の手続きは、どんなに綿密な計画を立てても自分で実行することはできません。自分の希望を実現するためには、元気なうちに死後事務委任契約を結び、お願いしたいことを細かく取り決めておくことが重要になります。**この契約によって、自分が亡くなった後でも、自分の願いを叶《かな》えることができるのです。

公正証書で契約書を作るとリスクが軽減

死後事務委任の手続きの流れは、次のとおりです。

❶依頼する死後事務の内容を検討する

事前に、自分の死後、どのような事務を依頼するのか

死後事務委任のポイントと検討事項

● **死後事務委任契約のポイント**

＊事前に❶～❸をよく検討する

❶ **何**を依頼するか？

❷ **誰**に依頼するか？

❸ **費用**はどの程度かかるのか？

● **死後事務委任契約の検討事項**

- 依頼する**内容の検討**と**費用の見積り**
- 依頼する人（**受任者**）の**人選**（個人？ 事業者？ 専門家？）
- 受任者との契約は**公正証書**を作成する（公証役場で公証人に作ってもらえる）
- **周辺契約**（見守り契約、財産管理委任契約、任意後見契約、尊厳死宣言書、遺言書）を検討する

を整理しておくことが重要です。Q121の「死後事務委任で依頼できる内容」を参考にして、実際に依頼することを検討してみてください。

❷信頼できる第三者（契約する相手）への打診

死後事務委任契約は本人と第三者との契約によって成立するので、双方の同意が必要です。事前に整理した事務の内容を第三者に伝え、この契約の相手（受任者）になってもらえるかどうかを打診します。

ただし、契約する相手は、信頼できる人で、なおかつ自分よりも10歳以上年下の人が望ましいでしょう。受任者が自分よりも先に亡くなると、契約を実行してもらえないからです。信頼できる事業者、弁護士などの法律の専門家に依頼することも検討してみてください。

❸死後事務委任契約の締結

第三者の同意が得られたら、死後事務委任契約を締結します。**死後事務委任契約書の形式には法律上、特別な決まりはありませんが、公正証書でこの契約書を作成することで、トラブルや紛失などのリスクを減らせます。**公正証書は公証役場の公証人が作成し、公証役場・依頼者・受任者がそれぞれ1通ずつ所持します。

Q127 死後事務委任には、安否確認を行ってもらう「見守り契約」をつけられますか？

A 見守り契約をつけて契約するのが一般的。ひとり老後で身寄りのない人はぜひ検討を。

死後事務委任契約を締結しても、契約した相手（受任者）に自分の安否や健康状態などを把握してもらうことはできません。そこで、身寄りのないひとり老後の人には、死後事務委任契約に加えて**「見守り契約」**を結ぶことをおすすめします。

見守り契約では、定期的に訪問して安否や健康状態を確認してもらうこと、不安や悩みの相談に乗ってもらうこと、病院や介護施設に同行してもらうことなどを契約できます。特に専門家に依頼する場合、契約時点ではまだ付き合いが浅いケースがほとんどです。見守り契約の期間に「自分を知ってもらうこと」「相手を知ること」ができれば、安心して死後の手続きを託せるでしょう。

第10章

美しく旅立つ！ひとり老後の「生前整理」「終活」についての疑問11

▶ Q128〜138 ◀

回答者

社会保険労務士法人FOUR HEARTS会長
特定社会保険労務士
東海林《しょうじ》正昭《まさあき》

遺言書は相続人が１人でもいると遺すべきだが遺贈寄付という選択肢もある

遺言書も書いておくといいぞ
ひとり老後のオレたちには関係ないって
ウィ〜
いやいや遺言書というと一部の金持ちが遺すものと思われがちだが大間違いじゃ
法定相続人は配偶者や子だけでなく親や兄弟姉妹甥《おい》・姪《めい》などの血縁者と定められておる！相続人が1人でもいたら遺言書を遺すべきじゃ
お金のないアンタでも生活していれば数十万円は遺るじゃろう
そのお金をどう使ってほしいか書くといい！葬儀やお墓の希望も叶《かな》えられるかもしれん
てやんでー
オレには兄がいるけど財産を譲りたくないどうしたらいい？
？
遺贈寄付という方法がある！
亡くなるまで自分の生活は守りつつ死後に財産を特定の団体に寄付する方法じゃ例えば国境なき医師団などの認定NPOに寄付すると社会的に恵まれない人たちのために役立ててもらえる
寄付
兄弟姉妹には遺留分がないから全財産を寄付することが可能じゃ
へー
死後も人の役に立つなんていいじゃないか
あれ寝てる
ムニャ
ベラボーめ
残りはワシがいただきじゃ

Q128 ひとり老後では、どんな「生前整理」が必要ですか？

A 別居の家族がいる人も身寄りのない人も、いつ倒れても後悔しない生前整理が必要。

ひとり老後では、生きているうちに身の回りの物や財産を整理・処分する「生前整理」が必要です。生前整理は、人生の終わりを意識して悔いなく生きる「終活」の重要な要素の1つでもあります。

人はいつ倒れて意識不明に陥るか、亡くなるか、誰にもわかりません。特に、ひとり老後の場合、遺される家族がいる人も身寄りのない人も、そうなったときのことを想像して生前整理に取り組む必要があります。

ひとり老後の人は、いつ倒れても後悔しないように毎日、身の回りの物の整理整頓を心がけましょう。不要な物を処分したり、複数ある預金口座を集約したり、所有する財産を整理して「エンディングノート」（Q133・134参照）に書いたりすることも重要です。エンディングノートに預金口座や保管場所などを書いておくと、家族による遺産調査がスムーズに運びます。

できれば、「遺言書」（Q135〜138参照）を遺すこともおすすめします。遺言書は資産家が遺すものと考えられがちですが、そうではありません。所有資産が少なくても法定相続人が複数いる場合、遺言書を遺すことで相続トラブルを回避することが可能になります。

ひとり老後の主な生前整理＆終活

● 身の回りの物の整理整頓を心がける
緊急時を想定し、必要な物をすぐに見つけられるように整理整頓を習慣にする。

● 不要になった物を処分する
いわゆる「断捨離」を実行。不要な物をなくすことで、身の回りも気持ちもスッキリする。

● 所有する財産を整理する
複数ある預金口座の集約、不要なカードの解約、生命保険の見直し、など。

● エンディングノートを書く
整理した財産を書き込む。保管場所や所在を明らかにしておけば、遺族の手間が省ける。

● 遺言書を遺しておく
遺言書があれば、相続人が複数いる場合によく起こる、相続トラブルを回避できる。

Q129 家族とは疎遠です。全財産を福祉団体に寄付するには、どうしたらいいですか？

A 自分の死後に実行される「遺贈寄付」を利用するといい。複数の団体の中から選べる。

家族であっても人間関係は複雑です。配偶者や子供と別居して疎遠になっていたり、身寄りがなく親しい友人・知人もいなかったりして、自分の死後、財産をどうしたらいいか迷っている人も少なくありません。そのような人は、自分の死後に行われる「遺贈寄付」を利用するといいでしょう。

遺言書により財産の全部または一部を個人や団体に譲渡することを「遺贈」といいます。遺贈のうち福祉団体や公益団体に無償で寄付することが、遺贈寄付です。

遺贈寄付によって、全財産を福祉団体などに遺贈することが可能です。ただし、たとえ疎遠とはいっても配偶者や子供は法定相続人であり、それぞれ遺留分が認められています（兄弟姉妹には遺留分はない）。**つまり、配偶者や子供から遺留分侵害の請求があると、遺留分相当分**（法定相続分の1／2）**の財産が請求者である法定相続人に渡ってしまうのです。遺贈寄付を行うときは、この点について十分に配慮しましょう。**

最近は、自分の人生の集大成として遺贈寄付を行う人が増えています。これを利用すると、日本や世界の恵まれない人々のために自分の大切な財産を役立ててもらうことができるからです。

遺贈寄付を行うさいは、上の表にある団体をはじめ、自分が育った地域の自治体などの中から目的に合わせて自由に選ぶことができます。

遺贈寄付のサポート窓口のある主な団体

団体名	実施している主な支援活動
日本赤十字社	国内外の災害救護、苦しむ人を救うために幅広い分野で活動
あしなが育英会	遺児支援活動により高校・大学進学などの夢を叶える支援
日本財団	奨学金制度や難病の子供などを支援
ユニセフ	世界約190の国、地域で子供の命と権利を支援
国境なき医師団	世界各地での緊急医療援助を支援
日本盲導犬協会	盲導犬の育成と視覚障害者の社会参加を促進

Q130 亡くなる前に別居の家族と共有すべき「財産の情報」はなんですか?

A 別居の家族は死後の相続財産の調査が大変。通帳や印鑑の保管場所などの情報の共有を。

ひとり老後で家族と別居している人は、もしものときに備えて、自分の「財産の情報」を家族と共有しておく必要があります。財産のことを知らされないまま意識不明の状態に陥ったり亡くなったりすると、遺された家族は、遺産分割などの相続手続きに必要な「相続財産の調査」に多大な手間や労力がかかってしまうからです。

自分にどんな財産がどれだけあるのかをきちんと「生前整理」し、伝えておくべき重要な情報を、信頼できる家族の1人または数人と共有しておきましょう。

財産目録を作り信頼できる人と共有する

財産には現金や預貯金、有価証券、生命保険、公的年金（国民年金・厚生年金）、企業年金、不動産などがあります。貴金属、書画骨董、自動車、ゴルフ会員権などの財産を所有する人も少なくありません。これらを一覧表

家族と共有すべき主な財産の情報

	財産の種類	共有すべき財産の情報
金融資産・負債	預貯金	金融機関・支店名、預貯金の種類、口座番号、通帳・届出印・キャッシュカードの保管場所、暗証番号など。ネット銀行の場合は、ログインID、パスワードも共有。
	クレジットカード	カードの種類、カード名、カード番号、暗証番号、紛失・解約時の連絡先など。電子マネーやポイントカードも同様。
	有価証券・会員権	有価証券は証券会社・支店名、担当者名など。ネット証券の場合は、ログインID、パスワードなども共有。会員権はゴルフ会員権やリゾート会員権などの取扱会社、連絡先、書類の保管場所など。
	生命保険・損害保険	保険の種類、保険会社名、保険証書の保管場所、保険番号、担当者名など。
	借入金・保証債務	借入先、借入日、借入額、借入残高、返済方法、担保の有無など。連帯保証人になっていれば保証内容も共有。
その他の資産	不動産	形態、所在地、面積、抵当権の有無、権利書・売買契約書の保管場所、固定資産税関係の書類など。
	貴金属などの資産	貴金属、宝飾品、書画骨董、自動車など。貸金庫があれば、その金融機関・支店名、保管している物など。
	携帯電話・パソコン	携帯電話の契約会社名、連絡先、メールアドレス。パソコンのパスワード、メールアドレス、回線事業者、プロバイダなど。

にした「財産目録」を作っておくことが重要です。

預貯金の場合、どこの金融機関に口座があるのか、どこに通帳・届出印・キャッシュカードを保管しているかがわかるようにしておくことが必要です。キャッシュカードの暗証番号も、なんらかの形で家族と共有しておきましょう。ネット銀行を利用している場合は、ログインID、パスワードなどがわかるようにしておく必要があります。ネット証券を利用している場合も同様です。

借入金やローン、連帯保証などの債務もマイナス財産として相続人に引き継がれます。債務が財産を上回ると相続放棄の手続き（原則、相続開始から3ヵ月以内）が必要になる相続人もいるので、必ず債務の情報も共有してください。クレジットカードの会社名、暗証番号、引落し口座などもわかるようにしておきましょう。

財産の情報を事前に家族に知らせたくない人もいると思います。その場合、財産目録を銀行の貸金庫に保管して、この鍵の保管場所を信頼できる家族の1人に託すのも一案です。ほかにも、遺言書に財産目録をつけて公証役場で保管してもらったり、パソコンのファイルに財産目録を記録しておいたりする方法が考えられます。

Q131 身の回りの物の整理は、どこまで進めればいいですか？

A 生活に必要な物以外は可能な限り処分を。身の回りをきれいに整理すれば心もスッキリ。

生活に必要な物以外は、元気なうちに処分してしまいましょう。別居している子供がいる人は、手伝ってもらうと重いものの処分に助かります。まず、不要になった家具や家電など大きいものから処分するといいでしょう。大きいものが片づくと、心もスッキリします。

次に、使わなくなった趣味やスポーツ用品、いらなくなった衣類、靴、食器、本などを処分しましょう。

時計やバッグ、食器などのブランド品の中には換金できるものもあります。リサイクルショップなどで売却しましょう。売れない用品は自治体による粗大ゴミのルールに則って処分してください。もちろん、身の回りの整理整頓を毎日の習慣とすることも大切です。

Q132 ひとり老後でお墓を継ぐ人がいません。「墓じまい」はしておくべきですか？

A 継ぐ人のいないお墓は荒れ放題に。しっかり供養して墓じまいを行うことも考えたい。

近年、少子高齢化や地方の過疎化などの進展により、継承する人のいない無縁墓が増えています。一方、子供や孫が先祖代々の家墓を継ぐのが当たり前という風習が薄れ、子供にお墓の負担までかけたくないなどという供《く》養《よう》に関する価値観の変化から、最近は「墓じまい」や「改葬」を検討する人が増えています。

墓じまいとは、今あるお墓の墓石などを解体・撤去して更地《さらち》にし、その使用権をお墓の管理者に返還することです。また、改葬とは、墓じまいをした後、永代供養墓などの別のお墓に遺骨を移すことをいいます。

日本では、お墓や埋葬のルールについて「墓地、埋葬等に関する法律」で定められており、取り出した遺骨を勝手に処分することはできません。遺骨を納骨堂や樹木葬墓などの永代供養墓に移したり、法律に則って海や山に散骨したり、自宅の仏壇に納めたりして供養することになります。

ひとり老後で身寄りのない人の場合、お墓の管理が不要な永代供養墓を選ぶのが現実的かもしれません。家族や親族がいる人は、後でもめることがないように、墓じまいについて事前によく話し合うことが大切です。

墓じまいの主な方法

● 納骨堂や樹木葬墓などの永代供養

納骨堂は施設内に遺骨を納めるタイプ。樹木葬墓は樹木（シンボルツリー）などを墓標に見立て、その周辺に遺骨を納めるタイプで、里山型や公園型などがある。どちらも永代供養（寺院や霊園の管理者が永代にわたり遺骨を管理・供養）なので、お墓の管理が不要。

● 散骨などの自然葬

海や湖、山などの自然の中に遺骨を粉砕して散骨するタイプ。お墓がないので当然、その後の管理は不要。ただし、散骨を条例で禁止している自治体もあるので注意が必要。

● 手元供養

遺骨の一部または全部を骨壺に納め、自宅の仏壇などで供養するタイプ。ただし、手元供養を行えるのは、自分の遺骨を管理してくれる家族や親族のいる人に限られる(身寄りのない人は不可)。

Q133 ひとり老後でも「エンディングノート」は書いておくべきですか？

A ひとり老後では特に重要。家族に限らず、緊急時に駆けつけた人にも使ってもらえる。

最近は、終活の一環として「エンディングノート」を書く人が増えています。エンディングノートは、人生の終末期に向けて、家族など親しい人への思いや、自分の財産、医療・介護、葬儀・お墓など、自分に関するさまざまな情報を書き留めておくノートです。

別居している家族がいる人も、身寄りのない人もエンディングノートは必要になります。むしろ、ひとり老後だからこそ必要なのです。なぜなら、ひとり老後で突然倒れると、見守りサービスなどを利用していない限り誰も見つけてくれません。幸い誰かに見つけてもらっても、駆けつけた救急隊員は医療情報がないと処置に手間取り、手遅れともなりかねないからです。

エンディングノートの医療情報があれば、駆けつけた家族や救急隊員に的確に対応してもらうことができるでしょう。そのためにはノート内の「急に倒れたときのための項目」（左の図参照）をコピーして、お薬手帳といっしょにしておくこと（外出時は携帯）が大切です。

別居している家族がいる人は、信頼できる家族にエンディングノートの保管場所を知らせておきましょう。

エンディングノートには、法的効力はありません。しかし、これに書かれた延命治療や葬儀・お墓の希望などの意思は最大限に尊重してもらえます。もしものときに備え、エンディングノートを書いておきましょう。

急に倒れたときのための項目

緊急連絡先	連絡先の氏名、本人との関係、電話番号など
医療に関する基本情報	身長、体重、血液型、アレルギーなど
常用している薬	薬名、服用の目的（病名）
かかりつけの医院	医院名、診療科、担当医名
持病・病歴について	病名、病歴、治癒または治療中
医療・介護に関すること	● がんなど病名告知の希望の有無 ● 死期が迫ったときの延命治療の希望の有無 ● 臓器提供の意思、献体登録の有無 ● 希望する介護内容や介護施設

Q134 エンディングノートには、どんなことを書いておくといいですか？

A **自分の基本情報、家族や親族に関すること、医療・介護情報、延命治療、資産内容など。**

終活に役立つ「エンディングノート」には、自分に関するさまざまな情報を書くことができます。このノートは「生前整理ノート」ともいいますが、どちらも内容はほぼ同じです。市販されているものを使うと、必要な内容をすべて書き留めることができるでしょう。

エンディングノートに書くべきことは、多岐にわたります。中でも重要な事柄は次のとおりです。

- **自分に関する基本情報**……自分の名前、名前の由来、生年月日、現住所、本籍地、資格、学歴・職歴など
- **家族・親族・友人に関すること**……家族の名前、続柄、現住所、連絡先、大切な人への思いなど
- **医療・介護の情報**……自分の健康管理面、持病・病歴、かかりつけの病院・薬局、認知症・要介護になったときの希望、終末期医療・延命治療の希望など
- **全資産の情報**……預貯金、公共料金など口座引落し、クレジットカード、有価証券、会員権、生命保険、借入金・保証債務、不動産、貴金属、書画骨董など

エンディングノートの例

◆私の基本情報　＊以下、該当する□に✓をつけましょう。

名前	フリガナ	名前の由来	
生年月日	年　月　日 生まれ		
現住所	〒		
本籍地	〒		
電話・FAX	固定：（　）	携帯：（　）	FAX：（　）
メールアドレス	パソコン：　@	携帯：　@	
勤務先／学校	名称：	所属：	
	所在地：		
	電話：	FAX：	
マイナンバーカード	番号：	保管場所：	
健康保険証	種類：□国保　□協会けんぽ　□組合健保　□共済組合		
	番号：	保管場所：	
後期高齢者医療保険証	番号：	保管場所：	
介護保険被保険者証	番号：	保管場所：	
年金手帳・証書	種類：□国民年金　□厚生年金保険		
	基礎年金番号：	保管場所：	
運転免許証	番号：	保管場所：	
パスポート	番号：	保管場所：	
その他公的書類	番号：	保管場所：	

出典：『弁護士が教える 自分と家族の生前整理ノート』（文響社刊）の一部を抜粋

Q 135 財産が少ない人でも「遺言書」は遺しておくべきですか？

A 相続人が複数なら資産が少なくても相続トラブルが多発。遺すとトラブル回避が可能に。

財産が多い人はもちろん、財産の少ない人も相続トラブルを回避するためには「遺言書」を遺す必要があります。家庭裁判所の統計によると、相続トラブルが起こるケースは、遺産1000万円以下の場合が約33％、遺産1000万円超5000万円以下の場合が約44％で、財産の多い・少ないに関係ないことがわかります。

また、ひとり老後で身寄りのない人も、すでに亡くなっている兄弟姉妹の子供（甥・姪）が法定相続人として名乗りを上げるケースもあります。配偶者や子供、父母、兄弟姉妹などの法定相続人の数が多いほど相続トラブルが起こりやすいと考えたほうがいいでしょう。

遺言書には法的効力があり、相続財産は法定相続人の遺留分（原則、法定相続分の1／2）を侵害しない限り、遺言書どおりに遺贈されます。遺言書には、誰に、どの財産をどれだけ相続させるかを明記しましょう。身寄りのない人は、友人や知人、あるいは福祉団体などを遺言書で指定して財産を遺贈することも可能です。

相続財産の調査や協議がスムーズに運ぶ

遺言書を遺しておくと、相続トラブルを防げるばかりか、相続手続きにかかわる相続人の多大な負担も軽減できます。特に、法定相続人が複数いる場合は、なるべく遺言書を遺すことをおすすめします。

相続手続きでは、被相続人（故人）の相続財産を調査・確定し、相続人全員で遺産分割協議を行います。

ところが、ほとんどの家族は、被相続人にどれくらいの財産や借入金があるのかを把握していません。また、法定相続人が複数いると、過去の親の援助が平等でなかったなどと互いに主張し合い、遺産分割協議が難航することもあります。**遺言書を作成し、これに財産目録をつければ、相続財産の調査も遺産分割協議もスムーズに運びやすくなるでしょう。**

Q136 遺言書を使えば、お世話になった人に全財産を譲ることはできますか？

A たとえ法定相続人がいても各自の遺留分を侵害しない限り、遺言書どおりに執行される。

法定相続人でない人に財産を遺贈する場合には、遺言書が必要になります。

遺言書を使えば、法定相続人の「遺留分」を除いた財産をお世話になった人に遺贈できます。遺留分とは、配偶者や子などの法定相続人に最低限保障されている相続分のことです（原則、法定相続分の1／2。兄弟姉妹に遺留分はない）。仮に法定相続人が兄弟姉妹だけなら、お世話になった人に全財産を遺贈することができます。

自筆証書遺言書の場合、遺贈したい人の氏名・生年月日・住所、「この遺言書により次の財産を相続させる」旨を手書きで明記します。そのうえで、財産の内容を具体的に明記します（財産目録はパソコンでの作成も可）。

Q137 遺言書は「自筆証書遺言」と「公正証書遺言」のどちらがおすすめですか？

A 手軽に遺せるのは自筆証書遺言だが、確実に遺言を実行できるのは公正証書遺言

「自筆証書遺言」とは、本人（遺言者）が書面に遺言内容の全文、日付・氏名を手書きし、押印して作成する方式です（財産目録はパソコンでの作成も可）。

自筆証書遺言は、原則として家庭裁判所で開封・確認する「検認」の手続きが必要です。そのさい、遺言書に不備があると無効になりかねないので注意が必要です。

これに対して「公正証書遺言」とは、公証役場の公証人が、遺言者から渡された遺言書の原案や相続財産の明細に基づいて公正証書を作成する方式。プロが作成するので、遺言書が無効になるようなことはありません。

手軽に遺せるのは自筆証書遺言ですが、確実に遺言を実行できるのは公正証書遺言となります。

Q138 遺言書を手書きで作成したら「自筆証書遺言書保管制度」を利用すべきですか？

A 自筆証書遺言は書式に不備があると無効になるが、これを防止できるうえ検認も不要に。

自筆証書遺言書は、民法968条で「遺言者が、その全文、日付及び氏名を自書し、これに印を押さなければならない」と定められており、このような書式に不備があると無効になってしまいます。また、自筆証書遺言書は一般的に自宅で保管されるため、紛失したり、内容を改ざんされたり、遺言者の死亡後に発見されなかったりするケースが数多くあります。原則として、家庭裁判所で開封・確認する「検認」の手続きも必要です。

こうした問題などを解決するために、2020年7月10日から始まったのが「自筆証書遺言書保管制度」です。**自筆証書遺言書保管制度は、作成した自筆証書遺言書を法務局に提出し、適正に管理・保管してもらう制度です。**提出した遺言書は、原本に限らず画像データとしても長期にわたって管理・保管されます（原本は遺言者の死亡後50年間、画像データは150年間）。この制度を利用すれば、紛失や改ざんを防ぐことができるうえに、家庭裁判所での検認の手続きも不要になります。

さらに、「死亡時通知」といって、遺言者が亡くなったときに、法務局から各相続人に遺言書があることを通知してもらうことができます（遺言者が通知を希望していた場合に限る）。

自筆証書遺言書保管制度の仕組みと流れ

❶ 遺言書の作成

❷ 保管を希望する
法務局（遺言書保管所）を選択
＊住所地・本籍地・不動産などの管轄から選択

❸ 保管申請書を作成、申請

❹ 保管証を受理
＊遺言者の氏名など・保管番号を記載

❺ 法務局（遺言書保管所）
自筆証書遺言書の原本を管理・保管
＊管理・保管の期間は遺言者の死亡後50年間
自筆証書遺言書を画像データ化して管理・保管
＊管理・保管の期間は遺言者の死亡後150年間

❻ 相続人（交付・閲覧）
＊1人が申請すれば他の相続人全員に通知

解説者紹介

掲載順

山本宏税理士事務所所長
税理士

山本《やまもと》　宏《ひろし》

山本宏税理士事務所所長（税理士）、ＣＦＰ（１級ファイナンシャル・プランニング技能士）。中小企業オーナー、個人資産家に対する事業承継および相続対策を得意業務とするほか、ＣＦＰとして専門の金融知識を生かした資産運用相談・不動産有効活用・財産管理などの業務も幅広く行っている。特に、常にカスタマー目線で行う税務サービスなどの提供に定評がある。著書に『マンガでわかる！もめない相続・かしこい贈与』（わかさ出版）、『身近な人の死後の手続き Ｑ＆Ａ大全』（共著・文響社）などがあり、テレビ・新聞・雑誌のコメントや執筆でも活躍中。

山本文枝税理士事務所所長
税理士

山本《やまもと》 文枝《ふみえ》

山本文枝税理士事務所所長（税理士）、ＡＦＰ（アフィリエイテッド・ファイナンシャルプランナー）。法人・個人の顧問業務、相続業務等すべての分野で顧客第一主義に基づき、真摯に相談に応じ顧客のニーズに応えることをモットーとしている。多くの相続業務の経験を活かした生前対策の提案や、ＡＦＰとして培ってきた専門的な金融知識を生かし、顧客の資産運用相談などを積極的に行うことで定評がある。著書に『身近な人の死後の手続き Ｑ＆Ａ大全』（共著・文響社）、『葬式・お墓のお金と手続き Ｑ＆Ａ大全』（共著・文響社）などがある。

佐藤正明税理士・社会保険労務士事務所所長
税理士　社会保険労務士　日本福祉大学非常勤講師

佐藤《さとう》 正明《まさあき》

佐藤正明税理士・社会保険労務士事務所所長（税理士・社会保険労務士）、ＣＦＰ（１級ファイナンシャル・プランニング技能士）、日本福祉大学非常勤講師。小規模事業者の事業育成・新規開業のサポートをはじめ、税務、会計、社会保険、相続・事業承継、年金相談など多角的な視点でのアドバイスを行っている。テレビ番組で年金・社会保険・税金のコメンテーターとしても活躍中。著書は『2000万円不足時代の年金を増やす術 50』（ダイヤモンド社）、『大切な人が亡くなった後の手続き 完全ガイド』（高橋書店）、『自分と家族の生前の整理と手続きＱ＆Ａ大全』（共著・文響社）など多数。

城戸社会保険労務士事務所所長
特定社会保険労務士

城戸《きど》 正幸《まさゆき》

城戸社会保険労務士事務所所長（特定社会保険労務士）、CFP（1級ファイナンシャル・プランニング技能士）、DCアドバイザー、1級DC プランナー、キャリアコンサルタント、商工会議所年金教育センター登録講師。社労士業務を中心に、年金相談を毎年多数実施。日本経済新聞「社会保障ウオッチ」欄や「家計力向上ゼミ」欄に連載のほか、『ビジネスガイド』（日本法令）などの雑誌にも執筆・解説。著書は『年金暮らしでも生活が楽になる 賢いお金の使い方Q＆A大全』（共著・文響社）、『週刊社会保障スキルアップ年金相談』（法研）など多数。

社会保険労務士法人 FOUR HEARTS代表社員
特定社会保険労務士

旭《あさひ》　邦篤《くにあつ》

社会保険労務士法人FOUR　HEARTS代表社員（特定社会保険労務士）、青山学院大学大学院 法学研究科修士課程修了（ビジネスロー修士）。社労士業務を中心にコンサルティング業務を行っている。読売新聞、朝日新聞、日本経済新聞、NHKなどにコメントを多数公表。『プレジデント』（プレジデント社）などの雑誌に執筆・解説。著書として『年金暮らしでも生活が楽になる 賢いお金の使い方Q&A大全』（共著・文響社）、『夫と妻の定年前後のお金と手続きQ&A大全』（共著・文響社）、『女性の年金 得するもらい方・増やし方〈年金問題研究会編〉』（共著・PHP研究所）などがある。

河内社会保険労務士事務所所長
特定社会保険労務士

河内《かわうち》 よしい

河内社会保険労務士事務所所長（特定社会保険労務士）、一般社団法人社労士成年後見センター東京副理事長、AFP、終活アドバイザー。ご相談者に寄り添い、より実りある生活となるような支援を心がけている。著書は『年金暮らしでも生活が楽になる　賢いお金の使い方Q&A大全』（共著・文響社）、『夫と妻の定年前後のお金と手続きQ&A大全』（共著・文響社）、『女性の年金 得するもらい方・増やし方〈年金問題研究会編〉』（共著・PHP 研究所）、『生涯現役計画』（共著・労働新聞社）、『シニア社員の戦力を最大化するマネジメント』（共著・第一法規）など多数。

社会保険労務士法人 FOUR HEARTS会長
特定社会保険労務士

東海林《しょうじ》 正昭《まさあき》

社会保険労務士法人FOUR HEARTS会長（特定社会保険労務士）、商工会議所年金教育センター登録講師、日本年金学会会員。社労士業務のほか金融機関等で多くの年金相談、講師を行う。読売新聞「マネー」「定年Q&A」「年金そこが知りたい」欄に3年8ヵ月、日本経済新聞「社会保障ミステリー」欄に1年4ヵ月連載のほか、『ビジネスガイド』『スタッフアドバイザー』など多くの新聞や雑誌で執筆・解説。著書は『年金暮らしでも生活が楽になる 賢いお金の使い方Q&A大全』（共著・文響社）、『女性の年金 得するもらい方・増やし方〈年金問題研究会編〉』（共著・PHP研究所）など多数。

年金暮らし

ひとり老後のお金と手続き

税理士・社労士が教える
最善の暮らし方Q＆A大全

2025年1月15日　第1刷発行

編 集 人　小俣孝一
シリーズ企画　飯塚晃敏
編　　集　わかさ出版
編集協力　秋津和人（年金問題研究会代表）
　菅井之生
　香川みゆき
　中平都紀子
装　　丁　下村成子
D T P　菅井編集事務所
イラスト　前田達彦
発 行 人　山本周嗣
発 行 所　株式会社文響社
　ホームページ　https://bunkyosha.com
　お問い合わせ　info@bunkyosha.com
印刷・製本　中央精版印刷株式会社

ISBN　978-4-86651-882-4

「ひとり老後の各種手続き」は、みなさんがお住まいの地域によって詳細が異なる場合があります。事前に手続先の市区町村役場、地域包括支援センター、ハローワーク、年金事務所などで詳細を確認したうえで、手続きをお進めください。本書の内容は発売日時点の情報に基づいています。法律、税金、年金などの個別のご相談には応じられません。マンガや書式例の記載内容は実在する人物、住所などとは関係ありません。